自由的蜂鳥

加州男子監獄的真實故事

藝術讓人再次飛翔

作者 黛博拉．托波拉Deborah Tobola
譯者 吳宜蓁

Hummingbird in
Underworld
Teaching in a Men's Pris
Memoir

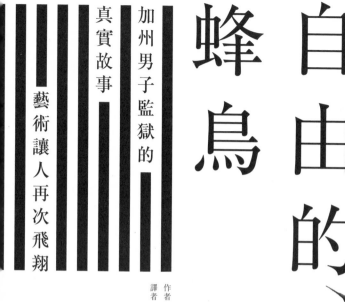

G BERMUDEZ
©2019

紀念我的父親查爾斯，

向我的母親瓊安致敬，

並獻給我的家族。

目次

推薦文

旋轉門前與旋轉門外

◎林文蔚

監獄複雜，裡面的人更複雜，想在這樣的環境下把事做好，簡直比登天還難。在監獄管理框架下，除了要跟官僚溝通、與同事協同、學著信任受刑人，還要被背叛、栽贓、利用，若您跟我一樣同為矯正工作者，在讀到作者黛博拉．托波拉遭遇過的這些鳥事，必定心有戚戚焉。

由書中美國加州懲教所的受刑人處遇內容的多樣性，以及黛博拉所帶領的戲劇表演能讓一般民眾入監觀賞，可知美國矯正機構的開放性讓矯正工作者及受刑人同時得到成就感；而加州政府撙節下來法案預算轉為幫獄警加薪33％，也可以看出加州獄警工會強大之處，以及矯正工作者多受人們重視。我想台灣的獄政就算再走二十年大概也走不到這樣的程度吧！這讓我想起另一本關於監獄的作品花輪和一的《刑務所之中》（臉譜出版社），它所描繪的日本監獄管理文化與台灣獄政管理風格十分類似，或許有人會說國情不同、制度不同，刑事政策當然不一樣。不錯！但這本書卻可以給我們反思，什麼樣的矯正處遇才能帶來真正的改變？

亞歷杭德羅的遭遇讓我想起紀錄片《柬埔寨之子》（*Cambodian Son*）裡的主角科薩爾‧希耶夫（Kosal Khiev），他同樣也是年輕時混黑幫入獄，在獄中接觸美國藝人羅賓‧威廉斯主導的藝術課程而成為詩人，不會說母語的他出獄後被遣返回柬埔寨，但因為持續創作詩讓他的生命就此改觀。

花上百億到處擴建監獄的台灣會不會步上美國重刑化的後塵呢？天知道！不過要是管理制度、處遇方式不改，蓋再多的監獄也沒用，就如書中說的「找到自己的位置，遠離監獄系統的旋轉門」，衷心期盼每一個人都能找到屬於自己的位置。

林文蔚
獄政改革倡議者、畫家，有著作《獄卒不畫會死》。

在黑暗中建造閃耀光芒的燈塔

◎翁國彥

作為一位執業中的訴訟律師，不可避免地承接刑事辯護工作，總是會有一些當事人最終遭法院判刑、鋃鐺入獄。逢年過節，有時事務所就會收到受刑中的當事人獄中來信，甚至他們在獄中學習書法、水墨畫的作品。在文書已普遍電子化的科技時代，受刑人書信更是少數可以一覽字跡優美的硬筆字的時刻，或許間接反映我國獄政一直試圖透過藝術對受刑人進行矯治處遇的目標。我個人並非犯罪矯正專家，不敢斷言「藝術矯正」在我國監所發揮矯正或犯罪預防的成效，但本書確實足以讓讀者深入思考：監獄的目的是什麼？國家將犯罪者監禁在監所內，是要任由他們在其中腐爛？還是應該有其他更積極正面的目的？

我國有諸多的法律制度仿效自德國，而德國聯邦憲法法院早在將近半世紀前的一九七三年，就在知名的雷巴赫（Lebach）判決中宣示：監獄內執行自由刑的唯一目的，在於確保受刑人可以獲得機會培育重新融入社會、未來過著守法生活的能力，是以受刑人在監獄內，不但享有「再社會化」的積極權利，國家更負有積極義務協助受刑人達成此一目標。遺憾的是，我國作為法律制度的繼受國，儘管監獄行刑法第一條開宗明義宣示監獄行刑的矯治處遇目的，在於促使受刑人悔改向上、培養未來回歸社會與適應生活的能力，主管機關的態度至今卻依舊膠柱鼓瑟、故步自封，直到今年（2020）的受刑人申請假釋行政訴訟案中，法務部仍嚴詞否認受刑人有請求復歸社會的法律權利。如果連獄政主管機關都不覺得受刑人享有「再社會化」的積極權利，那麼我們的監所環境，若不是像本書作者所言，讓受刑人「喪失行為能力」、無法掌控自己的生活，就是「（監獄做的最好的事似乎是）創造了更多對監獄的需求」。

不過，本書作者至少未曾放棄，完全投入她的生命在加州男子監獄中，引導學生創作戲劇與詩歌，無怪乎她多次提到藝術矯正，「將是一座在黑暗中建造閃耀光芒的燈塔」，因為這樣的課程提供一個造夢的空間，讓受刑人有空間去想像不一樣的未來、想像回歸社會後發生轉變的可能性。於是，我至今仍在期待收到來自獄中的書法、水墨畫作品，是否也是某位曾行過幽谷的靈魂，黑暗中循著燈塔的指引，在回歸社會的小徑上踽踽獨行、努力前進？

翁國彥
律師，台灣人權促進會執行委員。

飛越綠牆醜聞（the Green Wall）和監獄憂鬱（Prison Blue）的自由，就在彼岸——

◎陳惠敏

《自由的蜂鳥》是黛博拉・托波拉以自身在加州男子監獄進行九年的藝術戲劇課程為基底，輝映著半自傳的自我生涯敘事而寫成的一本非常動人的記事。許多場景或片段，只要是對監所有些許概念或接觸的朋友，肯定都能在書中找到某些回聲。即使是對監所或收容人完全陌生也沒有任何交集的朋友，只要細細品味，也不致產生扁平或刻板的印象。托波拉細膩的筆法，對細節的描述已夠令人讚嘆，然其對於大議題的敏感度，諸如三振條款、假釋撤銷（不必犯下什麼罪行就可以回到監所，可能是忘了和假釋官見一面、換了地址忘了說、藥檢沒通過或無法安全駕駛等）、種族政治、再犯率特高，甚而對於政治環境更迭（阿諾任州長、歐巴馬當選總統等）導致監所預算縮減後而產生的結構變化，對於長期追隨美國獄政的台灣矯正系統來說，完全鮮活。

在進行博士論文研究時，我曾在女子監獄進行過八年的田野工作，就是以寫作班教師的身分進入。在監所、精神病院等全控機構進行任何第一線工作，對行動者而言都是高度智性與感性的交纏，更需要隨時研判以及可能發生誤判後的回應調整，經常也會和行動者本身的狀態不斷地對談。性別、族群、階級、年齡，所有可拿來當作社會分類的範疇，任一摻入，都會有不同的效果。也因此，托波拉以一位女性的身分，進入男子監獄以藝術介入收容人的生活／命，且得世故地與機構官僚隨時應對，以取得可能的空間，這都是非常寫實不易的現場。

請容我舉例幾個托波拉在書中所提到的概念，也請大家再細讀體會。例如：「行政隔離」（adminstrative segregation），即我們所熟知的獨居房；監獄本身就是一座城市，所以幾乎什麼東西都可以建造、修理或維護；任何人都可能用牙刷製作刀柄，用鐵絲或錫片來恐嚇他人；對於假釋出去的更生人可能再犯後的描述，犯罪新聞裡即是先交代所有的犯罪檔案，還特別要強調「剛從獄中出來」等等，人以「檔案」被認識而非自身存在，已是當代社會的尋常。當檔案開始記錄了「壞」事，那就一發不可收拾了。

綠牆醜聞，不說出口的沉默守則，別過去的眼神，原已漫溢在全控機構的縫隙裡，甚而滲透在監所在場者的細胞裡。然而映照著監獄憂鬱，不只是藍色的制服，揮不去的憂鬱，互滲後沒成為幸福高貴的 Tiffany Blue，而是早已交融成望向彼岸的自由眼光。

「蜂鳥飛過鐵欄」，震力拍動著翅膀飛舞著，是辛勞的。「屈服於厭倦，相信自己什麼也得不到、什麼也給不了」，是較容易的。然而這是透骨的沮喪失望方得的體會啊。

托波拉在書中提及的其中一位主角亞歷杭德羅，就是累積了所有「可能犯罪的履歷」——年幼就到美國的墨西哥移民、混幫派卡到案子時的少年時期聘來的律師性侵、從少年到成年犯罪，最後逃回墨西哥，他是這麼說著的：「那個幫派的人奪走了我的人生，我從沒想過有一天他們其中一人會把我的人生還給我……以鉛筆和筆記本的形式。」

回到作者的詩吧：「**蜂鳥從人的身上吸走邪惡，留給人的／是對於美的渴望／以及看似完全靜止的飛翔技巧。**」托波拉後來離開監所開始了「詩的正義行動計劃」，將對象從收容人移到更生人。然而其中一位收容人是這麼說：「我認為你的決定非常、非常自私。在你為我們這些人做了這麼多之後，居然放棄我們、放棄你這麼成功的工作，只因為一筆該死的預算？」這些倫理的自我質疑，永遠是監所關注者面臨最艱困而也是最堅實的動力。自由，還在彼岸呢！

陳惠敏
「監所關注小組」成員。

讓法律也成為一盞明燈

◎雷皓明

「藝術矯正是黑暗汪洋中的燈塔。」這句反覆出現在內文中的句子，貫串了黛博拉奉獻的理念，也成為她的精神信仰與堅持。

電影或圖書中關於幫助更生人的題材並不少見，但每次看完總能觸動些什麼，闔上書後不禁反覆思考「我能做什麼」的同時，某部分來說，我們都成為了另類的黛博拉！

我回想起當初與創業夥伴們將科技帶入法律，建立第一個產品時，背後也有相同的動機！

必須堅信這是有用的

也許乍看之下，法律好像是專門將壞人送進不見天日高塔中的刑具，律師應該是屬於站在「救贖更生人」對立面的角色，但其實法律作為一種工具，也應該能成為某些族群的救贖，例如：在婚姻中痛苦掙扎，卻無力接觸法律、也無法獲得解脫的婦女們。

我們常戲稱婚姻是愛情的墳墓，殊不知進入一段關係不和睦、甚至充滿暴力、虐待的婚姻宛如墮入真正的地獄，這些婦女雖然有意離婚，卻常因為缺乏管道、受到監視或無力支付律師諮詢費而眼睜睜看著自己的權益喪失，白白蹉跎數十年的青春光陰，在無法掙脫的家庭中消磨肉體與精神。

於是我的第一個產品就跟離婚有關！與其憐憫，我更傾向實質的幫助，這是初衷，也是產品永恆的目標，這時，法律服務對那些受害婦女來說也算一座指引明路的燈塔，我想起黛博拉在挫折與疲累中仍舊負重前行，哪怕希望與成功渺茫如星點，「這是有用的。」她這麼說，而我也這麼堅信。

平等不是口號

「普通人都沒有藝術課程了，憑什麼這些更生人有！」其實不知不覺我們也常落入這個思考邏輯中！

覺得「罪犯憑什麼獲得法律保障？」、「律師不幫好人，都為壞蛋辯護！」但其實法律是人人都能享有的權利，不論好人、壞人，犯了法就必須接受懲罰，但違法者同樣也有延請律師為自己辯護的權利，甚至受到犯罪行為以外的法律保障，更何況犯罪的人在某個層面上來說也可能是弱勢的一方。

黛博拉的家庭對她影響甚鉅，從穿插的回憶片段中清晰可見，而那些獄友們生長的環境有多複雜、多混亂，可能都是犯罪檔案中無法清楚交代的，但在藝術面前，他們都像一群孩子，在那個晦暗無光、看不見未來的牢籠裡，讓藝術代替他們發聲，也許有那麼頃刻的瞬間，平等與希望的光芒曾經乘著蜂鳥的羽翼灑落窗前。

其實在法律面前，應該也是同樣的道理，法律不該只是為了有錢有勢或懂法的人存在，也不該只是為了「好人」存在，這樣的門檻委實過於狹隘，於是我與夥伴們決定再創立一個人人都能使用的法律平台，希望讓法律變得更親民、好懂，同時透過線上諮詢提升便利性，降低時間、地點等各種因素的限制。

必須說起步真的很艱難，但我相信只要方向正確，最重要的就是堅持一步步往前，就像黛博拉這樣不卑不亢地前行，身段可以柔軟，但眼神裡閃著堅毅的光。

雷皓明

人氣法律知識粉絲專頁「律師談吉他」、《一不小心就被吉：白話的生活法律對策》作者，喆律法律事務所主持律師。

I. The Joint

第一章

監獄

鋼製餐具碰撞發出的聲響，身穿藍衣、微笑著提供食物給我們的男人，這些究竟是記憶還是想像？

監獄的自助餐廳為員工和員工眷屬提供了廉價餐點，所以爸爸決定帶媽媽、我與妹妹邦妮一起去嘗嘗。那是我首次在外頭吃飯，邦妮也是，當時我三歲，邦妮兩歲。不知是因為那裡的食物、氣氛，或是由於在鋪了白桌巾的地方用餐讓人感到新奇，父母後來告訴我，我那時說：「爸爸，我喜歡在監獄裡吃飯！」

我的父母相遇於一九五四年，當時他們正駕著各自的敞篷車，在洛杉磯郊區亨廷頓公園的自由大道上對向而馳。等紅燈的時候，爸爸看了媽媽一眼，微風吹過她深色的長髮，他就這樣給迷住了。媽媽告訴我，那時她穿了一件碎花露背洋裝，她開的普利茅斯敞篷車是向外婆借的，她的一位同事加入了海軍，她要去參加對方的歡送派對。

爸爸一路尾隨她返家，把他的龐蒂克敞篷車停在她家的路對過，然後開始叫喚，直到她同意陪他一道去喝咖啡。他們前往附近一間叫「鐘」（the Clock）的汽車餐館[01]，就在長灘大道上，店裡最有名的是胖嘟嘟冠軍雙層漢堡，這種漢堡當時要價四十五美分（加點薯條要多十五美分）。他們並非坐在車內等餐，而是走進店裡點咖啡。整晚，他們就坐在那兒邊喝邊聊。日出時，他們已經墜入愛河。

當天媽媽返家還得偷偷溜進屋，小心翼翼躺回外婆身邊，祈禱外婆不會突然醒來。當時媽媽跟外婆睡同鋪，兩人與一位外婆的朋友共住在一幢有兩間臥室的屋子裡。我覺得外婆當時並沒有真的睡著，她肯定知道故事裡出現了一個男人，她女兒是個好女孩子，不是會徹夜不歸讓母親憂煩的那種女兒。

媽媽雖然興奮異常，卻為了自己的輕率而備感內疚，因為當她對外婆提起爸爸的事時，委實無法說清兩人到底是怎麼認識的，只好說對方是她上班那間牙醫診所的患者。剛開始外婆不喜歡爸爸。外婆出身自一個瑞典家庭，兩歲時移居埃利斯島，後來搬到麻薩諸塞州。她在波士頓一帶成長，習慣了東岸的城市人，他們比爸爸有教養，爸爸是個來自加州沙漠小鎮的牧場男孩。

一九五〇年，爸爸離開了牧場，加入海軍陸戰隊，贏得了紫心勳章和銅星勳章，從此擺脫了體力勞動的生活。他從「韓國某處」寄回一封家書，被刊載在地方報《羚羊谷日報》（*Antelope Valley Ledger-Gazette*）的頭版，文並附有編輯按：「該名海軍水兵形諸文字的想法，或許道出了許多美國男孩海外服役時的共同感受。」

那封給奶奶的信是這麼結尾的：「也許最重要的是，讓他們看看像這樣的國家，人民過的是怎樣的生活。他們討要我們無法忍受的C口糧[02]。他們用泥土和草建屋子，上頭爬滿蟲子。他們的身體孱弱，又髒又臭。我們的年輕一代該看看這種殘酷腐敗……然後好好珍惜一直以來的舒適生活。好了，媽，我想我最好別再說了，否則我就要幫小學生規劃課程了。」寫這封信的爸爸時年二十歲，也是自己所謂年輕一代中的一員。

返國後，他依據美國軍人權利法案進入當地的羚羊谷學院（Antelope Valley College）就讀，並在那裡踢足球。媽媽認識他就是在這個時期。他們是一對引人注目的情侶，媽媽很像當時的女演員黛布拉・佩吉特（Debra Paget），她最出名的作品是《十誡》（*The Ten Commandments*）和《鐵血柔情》（*Love Me Tender*）。爸爸有著淡棕色的頭髮和雀斑，看上去有點像《六十六號公路》（*Route 66*）中的明星馬丁・米爾納（Martin Milner）。他稱她「小花」，而她認為他有朝一日會成為總統。

南加州大學、佩柏戴恩大學（Pepperdine University）和加州州立理工大學的足球隊都希望爸爸加入，而他選擇到加州理工大學。在爸媽相遇的八個月後、羚羊谷學院放春假時，他們結婚了。他們去濱海卡梅爾度了週末蜜月，然後回到新家。

加州理工大學位於聖路易斯奧比斯保，是一個加州中部海岸小鎮，位於舊金山和洛杉磯之間。在他們結後，我們還沒出生之前，他們就住在市中心的丘羅街。那裡有一棟泥磚造的房子，外觀是維多利亞風格，裡頭闢成幾間公寓，爸媽就賃住其中一間。這座建築現在位於黃金地段，自五〇年代中期迄今歷經多次改頭換面。它曾是民主黨總部所在地，後來搖身變成藝術畫廊，現在則是房地產公司，後頭還開了一間毛線商舖。

大樓的斜對角有一家叫「美興樓雜燴」（Mee Heng Low Chop Suey）的紅色小餐館，如今在當地仍備受歡迎。那家中餐館使我的爸媽備受煎熬，有時他們會無法抗拒從對面飄進臥室的中國菜味道，然後就去餐廳帶回很多白色紙盒裝著的大餐，爸爸會故意把餐廳的名字說成「吊死我」[03]，逗得媽媽發噱。就在我出生前，他們離開聖路易斯奧比斯保，搬到附近海濱小鎮洛斯奧索斯的一間小房子裡。

爸爸在加州理工大學主修社會科學，擔任加州男子監獄（California Men's Colony）的獄警前做過許多低下的工作。加州男子監獄是一所州立監獄，距離大學不遠。儘管爸爸相當稱職，但他向媽媽坦承，比起獄警，他更喜歡獄友。有個囚犯的提議成了我們的家庭故事，總是教我們好笑。達戈・雷德想在出獄後繼續跟爸爸保持聯繫，於是跟他說：「恰克，我很快就要離開這裡了。我正在計劃一件大事，想讓你參與。你有女人嗎？她會開車嗎？」不難想像我爸爸有點心動，但媽媽為人正派、遵紀守法，而且害怕開車上高速公路，她永遠無法跟我爸變成一對「邦妮與克萊德」[04]。

媽媽懷上我的時候，分娩超過二十四小時，這段時間足夠爸爸去監獄上班，去追緝哪一個逃犯（不是達戈・雷德），也夠她那位養了馬的醫生回家一趟去餵馬（還夠他餵上兩次）。我出生於一九五五年十一月十一日的夜晚，翌年十一月一日，我妹妹邦妮出生，所以每年裡會有這麼十天，我與邦妮有一樣的歲數。

邦妮出生後，我們搬到中部海岸的另一個海濱小鎮——貝殼海灘。我喜歡海灘和它的氣味：魚腥、空氣鹹澀的氣息、香甜的防曬乳。太陽看起來大又黃，就跟我故事書裡的一樣。沙子裡有好多寶藏：貝殼、海星、海草等等。海洋讓我們有許多事可做：衝下去面對洶湧的海浪、感到害怕，再跑回沙灘上；坐在沙灘上挖隧道，或是一動不動站著，讓海水沖走腳下的沙，直到感覺天旋地轉為止。

一九五八年，二妹泰麗出生。那一年，貝殼海灘的郵政局長正在計劃退休，他問我爸爸是否有興趣接任。待在一個海濱小鎮的政府部門，聽起來是份很不錯的工作。特別是隨著又一個孩子出生，爸爸的責任也增加了，但面對這個安逸的工作，爸爸還是寧願冒險，繼續待在監獄服務。

一九六〇年，爸爸拿到了文科學位，在該科系他研習了文學、音樂、政治與宗教。同年，我的小弟布萊德出生。爸爸辭去了監獄工作，這次我們舉家搬至南方三十英里遠的奧卡特。他在范登堡空軍基地（Vandenberg Air Force Base）謀得一份倉庫的差事。很快他獲得升遷，坐進辦公室，媽媽還記得那是一份工程聯絡員的工作。諷刺的是，工程才是加州理工大學的重點學科，而爸爸卻選了文科，因為他是一個思想家和夢想家。

頻繁搬家成了我們家的固定模式，我們前進下一個目的地，我們家的交通工具也不斷換新。到一九六〇年，最初的敞篷車早已不在了，爸爸用它換來一輛福特轎車，後來又換了一輛再大些的水星 Lynx。最後，爸爸找到了一輛完美的家用轎車，一輛青銅色的漫步者（Rambler）旅行車。

一九六二年，漫步者把我們帶到了下一個目的地——弗雷斯諾，加州農業中心一帶的貧窮小鎮。我們搬進了一個新興郊區，那裡的房子看起來都一樣。在炎夏，你如果吐口水到人行道上就會發出嘶嘶的響聲。

我們房子後是一片空地，再過去是鐵軌。那時我八歲，媽媽讓我比其他弟弟、妹妹晚睡，等爸爸回家時我們會一起看《豪門新人類》（*The Beverly Hillbillies*）和其他外國節目。有一晚，後門傳來敲門聲，一個流浪漢的臉出現在小方窗裡，他張著嘴，還用手指著他又小又黑的嘴。媽媽顫抖著向他搖頭，她守在窗邊，直到看見那人走往下一間亮著燈的房子。

當時我們遇到一個問題：我們破產了。有人把一個賣吸塵器的好機會介紹給爸爸，爸爸為此放棄了空軍基地的工作，改行當吸塵器銷售員，弗雷斯諾及其周邊被分配為他的負責區域。不到六個月，爸爸就意識到自己犯了大錯。在他晚歸的那些夜裡，我曾聽見爸媽談論他的新工作。他說：「我有大學的文憑，現在居然在賣破銅爛鐵。」「別擔心，我們會解決的。」媽媽回答。

但當時的我還是很擔心，想著自己能做什麼呢？神探南茜．茱兒（Nancy Drew）[05] 會怎麼做？她一定會找到解決辦法的。爸爸賣的吸塵器外表光滑，機身是綠松石色的，名為「啟示」（Revelations），看上去像來自未來。我看過爸爸為媽媽示範，把一堆泥土倒在地毯上，然後「瞧瞧這個寶貝把它吸起來」。在爸爸的宣傳手冊裡有「啟示」的照片，也有使用前後對比的地毯照片。誰都會想要一台的。

在我得知家裡的經濟問題後不久，一個炎熱的夏日，我決定採取行動。我一直等到大家忙得不可開交——邦妮、泰麗和布萊德一面吮吸著發泡錠，一面看《菲力貓》（*Felix the Cat*）06，媽媽在熨衣服，然後我離開了昏暗的、開著冷氣的客廳溜到了外頭。我偷偷拿了一些宣傳手冊，塞在短褲的鬆緊帶裡，用上衣蓋著。我從對面的房子開始，那位女士開門朝我微笑，我問她：「嗨，我們破產了。你想買我爸爸的吸塵器嗎？」她的笑容僵住，搖搖頭關上了門。

我又陸續拜訪了五、六戶人家，自信心隨之逐漸降低。就連地板很髒的主婦也不感興趣，只有少數幾人願意拿一本手冊。我嘗到了爸爸面對的失敗滋味，最後終於回家。那晚他回家時，我告訴他我們的鄰居都不願意買。媽媽對這個消息感到非常震驚，畢竟她住在這裡，而爸爸是每天早上開車出去，天黑後才回來。爸爸笑了起來，拍拍我的頭：「果然是我的寶貝女兒！」

我絕對是爸爸的寶貝，雖然我是唯一沒有外號的孩子。他叫邦妮「西西」，叫泰麗「餅乾肚肚」，布萊德則是「赫克梅爾」，不知道什麼原因。爸爸總是從外面世界帶了故事回家。

當他走進門時，就像電影從黑白變成了彩色。

爸爸很會唱歌與吹口哨，他用音樂劇《鳳宮劫美錄》（*Camelot*）的情歌打動了媽媽，「如果我要離開你，絕不會是夏天……」。他娛樂我們的歌曲是：「如果我是有錢人，呀吧滴比滴比滴比滴比滴比滴比滴比嘟……」[07]。而他最喜歡的歌曲之一是羅傑・米勒（Roger Miller）的《公路之王》（*King of the Road*）：「拖車出售或出租，房間出讓五角錢。沒電話，沒游泳池，沒寵物。我沒有香菸……」爸爸抽的香菸是駱駝牌無濾嘴，喝的威士忌是Early Times[08]。

在泰麗走不動的時候，爸爸唱著把泰麗揹到渡船口的歌。邦妮的頭髮是自然鬈，他就唱起一首關於前額中間有一綹小鬈髮的小女孩的歌。他還唱了另一首歌，歌詞是一個女孩穿著一件有小黃圓點圖案的比基尼。

我最喜歡的一首歌開頭是這樣的：「我的手放在身上，這裡是什麼？親愛的媽媽，這是我的涓滴汗水。涓滴汗水、滴哩滴哩奴。這就是我在學校學到的！」唱到：「我的手放在身上，這裡是什麼？親愛的媽媽，這是我的涓滴汗水」時，他指著自己的額頭，唱到「滴哩滴哩奴」時就輕拉我前額蓬亂的頭髮。這首歌繼續下去，是眼睛看看，鼻子呼呼，嘴巴吃吃，把身體的每一部位都加進歌詞中，一直往下唱到雙腳跺跺。我喜歡這首歌裡的故事，勝過渡船口的歌、鬈髮小女孩的歌、圓點比基尼的歌。它唱的是一個孩子到新學校，試著學習表達事物的正確詞語，那就是我。此外，儘管當時我對此事了解不多，但爸爸那邊的家族成員可能是從波希米亞移民過來的。

我們的鄰居從未親眼看見我們離開。爸爸跟爺爺會在午夜時分把我們的家具和衣物裝進搬家用的大拖車、我們的漫步者，還有爺爺的車裡。爺爺得從莫哈韋沙漠開車過來幫忙。我很高興我們沒有「一路往下」（down below），這聽起來就像「地獄」（我們不被允許說這個字眼）的同義詞，指的就是洛杉磯。

我們當然沒去地獄，也沒去洛杉磯。取而代之，我們去了位在莫哈韋沙漠的蘭開斯特，它是爸爸成長的小鎮。當爸爸前往附近的愛德華茲空軍基地（Edwards Air Force Base）工作時，就由爺爺、奶奶來照顧我們。

媽媽和弟弟、妹妹坐在漫步者裡，爸爸和我坐在拖車的駕駛座上，後頭拉著拖車，吸塵器在我們腳邊，吸塵器的管子蜿蜒在我們之間。我們正在遠離中部海岸的沙灘，一直到幾十年後，我才又回到那裡，在爸爸曾經工作過的那座監獄裡找了份工作。那時他已經過世十年了，剩下來的只有回憶，還有基因。

01 汽車餐館（drive-in restaurant）是指可以選擇不下車，逕在車上點餐與用餐的餐館。

02 一種美國軍隊配給的罐裝口糧。

03 原文 Me Hung Low 是美興樓（Mee Heng Low）的諧音。

04 邦妮·帕克（Bonnie Parker）與克萊德·巴洛（Clyde Barrow）是美國一九三〇年代著名的鴛鴦大盜。

05 美國從一九三〇年代開始出版的少女偵探系列小說主角。

06 默片時代的卡通角色，主角菲力是一隻擬人化的黑貓。

07 電影《屋頂上的提琴手》（*Fiddler on the Roof*）插曲的歌詞。

08 美國肯塔基州的知名波本威士忌品牌。

II. Lighthouse

第 二 章

燈塔

時間來到二〇〇〇年，已是一個新世紀，我才剛開始這份夢想中的工作幾星期。他們請我來此主持「藝術矯正項目」（Arts in Corrections），這是加州男子監獄在聖路易斯奧比斯保的一個藝術專案。從我四十五年前在此出生迄今，它已成為一個令人嚮往的居住地，一座迷人的城市，幾年後歐普拉會宣稱它是「美國最幸福的城市」。因此在我開始人生新篇章時，我其實也繞回了原地。

那個住在貝殼海灘的小女孩，那個想在弗雷斯諾賣吸塵器的女孩，在一九七〇年代就成年了。一九七三年，我從高中畢業，那一年，《巴黎和平協議》（Paris Peace Accords）簽署，結束了越南戰爭；那一年，尼克森總統就職，斯皮羅・阿格紐（Spiro Agnew）辭職[01]；那一年，最高法院裁決了羅訴韋德案（Roe v. Wade）[02]；那一年，美國印第安人占領了南達科他州的傷膝（Wounded Knee）[03]。那一年，《美國風情畫》（*American Graffiti*）首映，老鷹合唱團發行了《亡命之徒》（*Desperado*）。

我成年那時是第二波女權運動受到民權運動所激發，正在熱烈開展之際。所以如我這般的年輕女性也會想帶著職場發生的趣事回家，而不是站在家裡的燙衣板前。

隨後的幾十年生活並不容易，我做過服務生、電話接線員、記者、法律助理、兼職教授，還有自由撰稿人。十幾歲結的第一段婚姻結束，再婚，繼而成為母親。兒子約瑟夫四歲時，他的父親布拉姆在一次摩托車事故中喪生，當時我們已離異兩年。我的第三次婚姻孕育了次子狄倫。一九八五年，我和狄倫的父親結婚，一九九一年，亦即家父去世一年後，我經歷了第二次離婚。

外人應該會覺得我是個波希米亞，從各種定義上來說都是：捷克裔，那兒曾是中歐的一個王國；過著非傳統生活的人（如作家或藝術家）；遊牧者，或者說是浪遊者。我在蒙大拿大學取得英語學士學位，在亞利桑那大學取得創意寫作碩士學位。我是從阿拉斯加搬來接受這份監獄工作的。約瑟夫兩年前高中畢業後就搬出去獨立生活了。狄倫則和他的父親住在安克雷奇，剛上高中一年級。突然之間，我身邊毫無牽絆，於是在莫羅灣租下了一間公寓，準備投入我的新職。這份工作相當穩定，還提供醫療保險和退休金等福利，跟我以前做過的工作都不同。

在監獄上班可能不是大多數人的理想工作，但我很清楚自己在做什麼。在特哈查比和德拉諾這兩座城市監獄，我已經累積五年教導囚犯的經驗。初次獲聘為創意寫作教師走進監獄時，我是有些提心吊膽。雖然在我還是個蹣跚學步的孩子那當口，我很喜歡在監獄裡吃飯，但成年後我對囚犯的概念都是來自書籍、電影跟電視節目。我想像自己畏畏躲躲走在通往教室的黑暗廊道上，左右兩側牢籠裡的男人們伸出遍布刺青的結實手臂想要逮住我。

然而，我在加州懲教所（California Correctional Institute）工作的首日，一名警官陪我走入一間組合屋教室，教室裡的人全穿著藍色工作服襯衫與牛仔褲。多數的學生身上都有刺青，但他們都很有禮貌、懂得尊重，而且渴望學習。除了他們的「監獄藍調」[04]以外，他們和外面的人沒有什麼區別。

而且就跟外面的學生一樣，許多人都認為詩一定要押韻。當我試著解釋給神經兮兮的費爾曼（我一直覺得他是縱火犯）聽，想把他從自我強加的押韻監獄裡解救出來時，儘管我看到他脖子上青筋搏動，他卻努力讓自己接受下來了，說：「好吧，T女士。」費爾曼是個很有天賦的學生，渾身散發著文藝復興氣息，儘管他只擁有一個美術碩士學位，但受過的教育似乎還比我多。他會交替著用英語、西班牙語和法語三種語言，有時還會使用「耳語」（susurration）這樣文雅的措詞。他鏗鏘有力的街頭詩充滿阿茲特克的歷史，並結合科學般精確的細節與夢幻般的異世界。另一個極端是哈克，他字沒識得幾個，但充滿熱情，總是非常認真聽課，卻連續幾個月寫不出任何詩來。當他終於寫出自己的第一首詩，在課堂上結結巴巴朗讀時，全班爆出了熱烈掌聲。

我總是很期待去監獄帶工作坊，它比我在社區大學教的初級作文課更有意義。大學生是被要求修習作文課，但這些獄友會來上課純粹是他們自發向學。

在教了這些獄友一年後，我停掉了大學的課，開始帶更多監獄課程。那時我熱愛監獄工作坊。我告訴自己：「我能做好的。」畢竟我可是在一個邊緣工人階級家庭裡長大的。我可以在那些（跟爸爸一樣出身的）造成混亂的「波漢」（Bohunk）[05]面前挺住。我有一種生存本能，知道怎麼在這個世上討生活，我就是懂得避開危險。直到上了大學，我才知道「波漢」指的是無禮且不易預測的人，通常用來指波希米亞人、匈牙利人與其他不受歡迎的東歐移民，它帶有種族歧視，我還一直以為它只是在表達親暱。

我們離開了德州的格雷普韋恩（Grapevine），歪歪扭扭穿過了崎嶇道路，抵達了家族中「波漢的那一面」，被我的瑞典外婆說成了「粗人」。我們全都很激動。一家人激動的理由各不相同，爸爸是因為蘇格蘭威士忌，媽媽是因為害怕，而我們孩子則是因為旋將上演的鬧劇。爸爸在車道上摁喇叭，然後整間房子的人都喊喊咧咧地奔出。他們擁抱親吻我們，把我們拋向半空。我們還沒走到門廊，他們就往爸爸手裡塞了一杯酒，我們孩子們便在戶外的碎石地上拆禮物。

我和妹妹們得到新睡袍，淡藍色、粉紅色和綠色，有天使般垂墜的衣袖。我們跑進去換穿它們，輪流站上馬桶照藥箱上的鏡子。沒多久，男人們就開始：「該死的共和黨！該死的雷根！」他們讚揚全國卡車司機工會，咒罵所有的管道安裝工人，用拳頭用力搥桌。而我坐在桌旁伸手進咖啡杯裡，直接把爺爺醃的酸菜抓起來嗑。「她是真正的波漢，那孩子。」突然有人這麼說，然後就爆出一陣歡呼讚美。

爺爺想上麋鹿酒館或赤膊酒館，但爸爸說：「該死，我們才剛到耶。」唐叔叔接著說：「爸，我們待在家吧。」爺爺說：「你懂個屁，你這狗娘養的，選州長的時候你把票投給了雷根！」然後爸爸說：「小孩子都給我到車上去。」佩西阿姨把我們帶到外面，把我們藏在灌木叢裡。

爸爸喊道：「那些該死的孩子在哪兒？」佩西阿姨就跟我們說：「噓！」弟弟和我咯咯笑著，兩個妹妹手捏著手，大氣都不敢喘。我抬起手讓袖子垂下，假裝別人看不見我，假裝我能看進房子裡，儘管我是站在外頭的灌木叢中，乳頭在寒冷的黑夜中變硬了。

爸爸和唐叔叔在打架，媽媽和奶奶大吼：「夠了，不然我們要叫警察了！恰克，鄰居會聽到啦！」爺爺把他的大肚腩和他那一張嚴肅的臉塞到他們之間，他們差點打到他，所以便停住了，他朝他們搖手指，轉身握緊拳頭示意他們分開。爸爸開始哭，唐叔叔不知說了什麼好笑的話，爺爺又咯咯笑了起來，最後他們全都擁抱在一起。

回到灌木叢中，我笑著旋轉，伸出雙臂去抓一把把的冷空氣。我的妹妹們瞪大了眼，被我的喜悅嚇呆了，不敢走回屋裡。但佩西阿姨知道是時候了，她一口喝完剩下的啤酒，把罐子扔進灌木叢，用手背抹了抹嘴說：「我們走吧。」

妹妹們靠倚著樹叢悄悄地走向門邊，我卻一下子飛奔到最前面。男人們又哭又笑，互相擁抱，嘴裡說著「狗娘養的」。他們把我拉進他們的圈子，把我也抱在裡頭。我也哭了，渾身竄流著他們可怖的愛。

時至今日，十一歲時的聖誕家庭聚會依舊歷歷在目。那時我已知道別人的家庭比較平靜文雅，就像電視上的那樣。妹妹們覺得波漢很可怕，但波漢嚇不倒我。我是家裡唯一被他們稱為波漢的女孩。我學會了他們的生活方式，議論時政，用拳頭搥桌，講故事逗人。對於一份需要跟粗暴的人相處的工作來說，這可是最完美的職前訓練了，這些人經常爆發近乎暴力的情緒。

所以當加州男子監獄有職缺時，我去面試，並被聘為藝術家／引導師。每個藝術家／引導師都要根據自己的學科設計一個專案，而我的是詩。除了教學，藝術家／引導師還要聘用並教導其他老師，以及一名獄所工作人員。加州的三十三所監獄都有自己的藝術家／引導師，我不在乎自己是不是這個職位上少數的女性，身為一名藝術工作者，我有生以來首次有了一棟建築、一份預算，而且我不需要為它籌集資金或是填寫撥款單，只需參與、營運。夫復何求？

加州所有監獄都由沙加緬度（Sacramento）[06]一個龐大的官僚機構管理，遵循一致的條律與規範，但囚犯的生活品質則主要取決於他所在的監獄單位。因此，多數囚犯都不願在鵜鶘灣監獄服刑。位於加州海岸，靠近奧勒岡州州界的鵜鶘灣監獄是一座鋼筋混凝土結構的最高安全級別監獄。鵜鶘灣監獄關押了加州最危險的罪犯，其中一半的犯人是單獨囚禁，每天待在牢房的時間長達二十二個半小時。單人牢房（SHU[07]，發音就像「鞋」〔shoe〕）是六乘十英尺的無窗的小房間，只有一個小小的柵欄插槽用來遞送食物。

加州男子監獄則是另一個極端，它被外界稱為「加州監獄界的凱迪拉克」，獄友們暱稱它為「史努比營區」。加州男子監獄有兩處設施：東側是牢房區，關押著安全級別較高的獄友；西側則是藝術矯正計劃所在地，也是我出生時爸爸工作的地方。

一九五〇年代，加州租用了前國民警衛隊訓練場，把它的兵營改成監獄宿舍，成為現在東側的設施。而西側如果不去看柵欄、高塔與鐵蒺藜，其實就像一個小型的校區，風景優美，裡頭住著火雞、鹿、浣熊、禿鷲、海鷗、貓，還有重刑犯與獄所工作人員。加州男子監獄是「軟性監獄」，是退出幫派的人、性犯罪者與白領罪犯的居所，偶爾也有名人——像是克里斯丁・白蘭度（Christian Brando）[08]、修格・奈特（Suge Knight）[09]、艾克・特納（Ike Turner）[10]和蒂莫西・利里（Timothy Leart）[11]。

加州男子監獄同時也是個「編碼化的監獄」，意思是囚犯不會因為各幫派的暴力行為而一直被關押，他們可以從自己的宿舍移動到各教育與職業訓練教室，可以去做教堂服務、參加十二步驟康復計劃的聚會，以及藝術矯正課程，藝術矯正課程占據了教育綜合大樓的大部分空間，獄友通過附有金屬探測器的警衛室後就能穿過柵欄，走進教室。

我做的第一件事就是把建築內部漆成了天藍色。監獄的職業輔導專案中有油漆這一個項目，他們派來一組人，一個一個房間陸續讓這個地方改頭換面。大樓後側有個大空間是藝術工作室。我的辦公室在走廊上，走廊連接著藝術工作室和大樓前的大型多功能空間，這裡就是上課的地方，它之後還被當成劇場來使用。

我在監獄每週值四天的班，一天十小時，每週一至週四上午十點到晚上九點。我的值班時間跨越值班警員的第二班（早上六點到下午二點）和第三班（下午二點到晚上十點）。第三班的警員較少，而老師們則都在下午四點就離開，因此後續五個小時，我就是被關在監獄大門內唯一的工作人員了。

由於獄方沒有聘用社區資源經理，也就是督導我的人，因此是由一位懲戒官領著我認識新職。懲戒官之所以被分配這個臨時工作，其實是懲罰，因為他工作上出了紕漏。所以我大部分的入職訓練都來自獄友，正如懲教部門的人說的，獄友比工作人員更了解規矩。獄友們鑽研這些規則是為了：一、看有什麼漏洞可鑽，二、以此得知不該去招惹哪些工作人員。

入職訓練第一週，我去了羅賓遜先生的辦公室，他是監獄的副典獄長，我會得到這個工作，他扮演著相當重要的角色。他是個身材高大、笑容燦爛且態度和藹的黑人。我希望他跟所有教職員能夠對我有個好印象。他們不需知道以這份工作來說，我從波漢家族那兒得到了什麼特殊資格，只需知道我在藝術方面的造詣即可。

家父曾因酒後駕車蹲過監獄，叔叔也曾因「在公共場合醉酒」被捕。家族裡的許多男人都曾因類似的犯禁進過牢裡。我希望和我一起工作的夥伴認為我是個來自守法家庭的好女人，是本機構的資產。

在跟羅賓遜先生彼此混熟的晤談中，他先詢問我家庭情況，繼而詢問我的教學經歷。我很緊張，而且出於某種原因，我告訴羅賓遜先生我一直都是個老師，即使是在小時候。

我告訴他，有次我想給妹妹們上一堂關於蜜蜂的課。人行道上有一隻死掉的蜜蜂，我告訴她們，蜂蜜是蜜蜂產的，所以我若是把蜜蜂身體裡的蜂蜜擠出，我們就能舔著吃了。但我卻沒有擠出蜂蜜，反而是讓蜜蜂的毒刺扎進手指。我瘋狂尖叫，一路奔回家，妹妹們也都哭著尾隨在後。羅賓遜先生困惑地看著我，點了點頭，他是個很好的傾聽者。但，天啊，我為什麼要跟他講這個故事？話才出口我便開始疑惑了。

他的辦公室裡有獄友創作的藝術品，牆上掛著畫，桌後的櫃子上擺著雕塑品。為了轉移話題，我指著雕塑說：「哦，我喜歡那個燈塔。」他露出詭異的表情：「那不是燈塔，是守衛塔。」然後他微笑起來。「原來如此。」我紅著一張臉，露出笑容回應。但心裡卻想著：「我來這裡做什麼？」

隨後，我心底浮現出一個念頭：「我要造一座燈塔。」

「藝術矯正」將是一座在黑暗中閃耀光芒的燈塔。隨後在監獄任職的這段日子，我就一直在「我來這裡做什麼」與「燈塔」這兩個極端之間來回交替。

另一位協助帶我的人是愛蜜麗，她專門教導年紀未滿二十一歲的獄友。我入職的第一週就認識她，且馬上知道我們會成為朋友。她本身就是個搞藝術的人，年輕時常跟音樂人吉姆·莫里森（Jim Morrison）[12]、泰基·馬哈（Taj Mahal）[13]混在一起，也時常跟珍妮絲·賈普林（Janis Joplin）[14]、米克·傑格（Mick Jagger）[15]還有彼得·柯尤特（Peter Coyote）[16]一起聊天。她有點像《阿甘正傳》裡的主角阿甘，在正確的時間出現在正確的位置上反對主流文化，唯一的差異是她很聰明。

愛蜜麗告訴我，對於我想僱來加入我工作團隊的獄友，我可以先上檔案室查看他們的檔案。我照做了，但大概是在我已根據面談僱用對方來當領班職員的一週之後。看了他的檔案，我才發現自己僱了一名強暴犯。

不是男女雙方對親密關係看法不一致的那種強暴，而是半夜爬進妳臥室，用手捂住妳的嘴，避免外人聽見妳尖叫的那種強暴。我一想到每天日落後軍官不會常上大樓巡邏，我願意跟這傢伙關在一起十個小時？不。

我想設法擺脫他，這在監獄裡卻不容易。一旦獄友得到一份薪水不錯的工作（藝術矯正計劃是薪水最高的工作之一，普通職員的月薪是四二·五美元，而首席職員的月薪是五二·五美元），你必須有充分的理由才能解僱對方。如果沒有，他反而可以提交一份六○二表格，這是囚犯專用的投訴表格，它會沿階級鏈向上傳遞，最後甚至會送進典獄長辦公室，直到問題解決。這才是我工作的第一個月，我可不希望六〇二出現。

最後，是鐘聲——確切地說，是警鈴——救了我，在這個清新的春日，我走到大樓外頭抽菸時突然失足，重重摔在人行道上，手腕著地。我不確定是誰按下警鈴，但監獄的消防部門沒幾分鐘就趕到了。我被裝進消防車送離教育中心，出了監獄，進到聖路易斯奧比斯保醫院。我痛苦地等了很久，終於有醫生看到我，然後仁慈地開了止痛藥給我，並為我骨折的手腕安排手術。術後，羅賓遜先生赴醫院探望，當他問我感覺如何時，我茫然地對他笑了笑：「跳舞不是我擅長的藝術項目。」

01 希臘裔的斯皮羅·阿格紐生於馬里蘭州巴爾的摩市，一九六八年獲尼克森提名為共和黨副總統候選人，並成功當選，一九七二年大選再度與尼克森一同連任。一九七三年十月十日因水門事件及其在馬里蘭州長任內涉及貪污和洗錢等醜聞，在彈劾威脅下被迫辭職，為美國兩位任內辭職的副總統之一。

02 一九七三年美國聯邦最高法院對婦女墮胎權及隱私權的重要判例。它確立了婦女墮胎權受憲法隱私權的保護。該判決迄今仍受社會爭議，部分反墮胎團體始終爭取推翻該判決，支持墮胎權的人士則要求維持判決。

03 該地對美國原住民具有深厚象徵與歷史意義。一八九〇年美國騎兵對印第安人蘇族（Sioux）部落拉科塔（Lakota）的大屠殺即發生於此。

04 原文 prison blues 同時也指犯人衣著的色調，此為作者的雙關語。

05 Bohunk 專指來自東歐的底層工人。

06 加州首府。

07 Security Housing Units 的縮寫。

08 演員馬龍・白蘭度的兒子。

09 幫派饒舌音樂的重要人物。

10 搖滾音樂的重要人物。

11 知名心理學家，其晚年主張迷幻藥在受控環境下的治療潛力。因為宣揚LSD對人類精神成長與治療病態人格之療效，且提出「激發熱情、內向探索、脫離體制」（Turn on, tune in, drop out）口號，成為美國反文化運動時代頗受爭議的人物。

12 門戶樂團主唱。

13 知名藍調歌手。

14 美國知名樂手、畫家和舞者。

15 滾石樂團主唱。

16 美國知名演員、電影編導。

III. The Blue Building

第三章

藍色大樓

在這個機構的收發室做了幾週簡單的工作後，這是我重返崗位的第八日。我決心更加謹慎，尤其是在踩穩腳步與僱用職員方面。值得慶幸的是，我不在期間，先前僱用的四名獄友都被調到其他崗位，所以我可以重頭來過，這次在我提供工作給他們前，我會先讀過他們的檔案。

從西側停車場到室內的藝術矯正大樓這段路的距離很長。當時我已感覺，一個在監獄裡的詩人很像煤礦坑裡的金絲雀，我們會事先有感。在走入切換兩個世界之間的通道前，我會待在車裡，花些時間讓自己做好心理準備，這成了我每日工作前的儀式。

大門在我身後砰地一聲關上了。從停車場進入監獄要走四分之一英里的水泥地，旁有柵欄，可以聽見電台播放黑幫饒舌音樂，打赤膊的罪犯或是穿著運動褲在打籃球，或是站在宿舍走廊侃聊。有些人會盯著我，有些人則當我不存在。我穿著熱帶印花裙，戴太陽眼鏡，為自己的自由而內疚。在這裡，文明只是一層輕薄的虛偽外皮，包覆在制服、塔樓與槍炮之下。

有時，對自由的渴望會被鐵蒺藜纏勾住，就像白色T恤的碎片。我默默走著，直視著前方道路的盡頭。在那裡，我亮出身分證，檢查我的警鈴，如果有麻煩就要摁下它。在裡頭，公共擴音系統那無所不知的監獄敘述者會宣布什麼人將在什麼時候做什麼事，但我聽到悲慘的持續低語變成了低沉的集體呻吟，一種從地球深處發出的隆隆聲，如果一位母親是地球的話就會發出這樣的聲音。

有些獄友把西側設施稱為「史努比營區」，但它讓我想起了梅貝瑞（Mayberry）01 這個宜人的小鎮，同樣有著樹木花卉、鳥兒貓咪，還有五〇年代老式建築，卻被鐵絲網籬笆和鐵蒺藜圈圍起來。這裡是有數百名身穿藍色牛仔褲和淡藍色工作襯衫男人的梅貝瑞。

我一上班就赴警衛辦公室簽到，這個辦公室在行政大樓的低樓層，這裡的人都喚它藍色大樓。這天我看到一個獄友正在使用老式的電動打蠟機擦地板。「小心點，女士。」這名藍色大樓的工人對我說。我微笑頷首，小心翼翼不踩到他剛打上的蠟。他的禮貌在這兒是常態，多數獄友稱呼工作人員時都習慣使用「女士」和「先生」。

幾天前，我僱用了我的領班職員，他有羅賓遜先生的背書，當然，這一點對我來說至關重要。在我的前任退休前，這名被稱為厄克爾的獄友也曾替他工作。會有厄克爾這個綽號大概是因為他是身材高大又有些書呆子氣息的黑人，很像連續劇《凡人瑣事》（*Family Matters*）裡的同名角色。在我僱用他前，我從他的C檔案中得知，厄克爾犯了多件搶劫案而入獄，在這些搶案中他假裝自己有槍，根據法律，這與真正持槍是一樣的。

厄克爾的怪異在他甫上工就顯露出來了。他自豪地說自己接受過藝術矯正大樓裡所有電腦平面設計的培訓，並滔滔不絕分享他熟悉的軟體。他懂電影剪輯與混音，而且特別喜歡動畫。

「我最喜歡的電影是《小蟻雄兵》（*Antz*）。」他告訴我。

「《小蟻雄兵》？」我重複道。「我從來沒聽過。」

他顯得有些惱怒，答道：「這是動畫經典耶！」

「隨便啦，」我心裡這麼想，但沒說出口。

厄克爾知道我手中的二十七把鑰匙分別可以開啟大樓的哪些地方——每一扇門、每一個壁櫥與櫥櫃。他請我打開電腦磁片櫃，這樣他就可以拿些他的動畫作品給我瞧瞧。我從卡其褲口袋裡掏出鑰匙串，拉出其中一把小鑰匙。「不，托波拉女士，那是顏料櫃的鑰匙。這把才是電腦磁片櫃鑰匙。」他指著鑰匙告訴我。他對我還是保持著尊敬的距離，但方才他似乎翻了個白眼，還是只是我的想像？

那晚我夢見我從口袋裡掏出鑰匙，把它們放下。下一個畫面就是厄克爾拿起它們，在我面前晃呀晃的，臉上掛著一副得意的微笑。翌日，我去五金店買了一個掛繩，將掛繩繫在我的腰帶上。此後鑰匙串就再也沒有離開過我的身邊。

厄克爾是個馬屁精，實在沒有別的詞可以形容他了。我不太喜歡這套，但我需要他這人。他記得也知道這座大樓的種種經驗傳承，大小櫥櫃裡裝的東西，過去提供過的各種專案項目，甚至曾經擅自侵入辦公室的所有獄友。沒有其他任何員工擁有同等的知識，因此我把他帶在身邊。

教育部門規定工作人員不能與某一名獄友單獨共處，尤其是在男子監獄裡的女性工作人員。雖然藝術矯正不受教育部門管轄，但畢竟這幢建築是他們的管轄範圍，所以我必須再僱用一名獄友。我選擇了「微笑」。他是一位畫家，也是厄克爾的朋友；有人稱他為「假笑」，我覺得更適合他。微笑的罪名是與未成年人發生猥褻行為，也就是猥褻兒童。但他幾個月後就要假釋，這能給我一些時間去找個更合適的職員。

午餐時，我把這名新職員的事告訴愛蜜麗。

「至少他很短（short）。」愛蜜麗說。

「什麼？他沒有很矮啊。」我說。

「我不是在說他的身高。說的是他的假釋日期。」

「哦，這樣啊。」我還在學習這裡的行話。「這正是我僱用他的理由之一。」

「你之後會僱用更多猥褻兒童的人，監獄裡到處都是這種人。」她說。

像愛蜜麗這樣的老師通常配有兩名僱員，協助處理文書工作、布置教室、輔導學生等。我的情況有些不同，我要找的是對藝術矯正計劃裡的藝術項目有天分，或至少有興趣的獄友。

西側設施是相對比較安全的區域，需要保護的獄友最後會被送來這裡。在需要保護的獄友名單中，猥褻兒童者高居榜首，緊隨其後的是強暴犯、脫離幫派者、前執法人員，以及名人。

即便如此，我還是決定下一個僱員要是正常人。在可以選擇的範圍內，愈正常愈好，最好是一位情非得已誤入歧途的善良人士，犯下教人遺憾卻並不可怕的罪刑。所以當一名滿頭紅髮、臉長雀斑的高瘦傢伙來到辦公室申請工作時，我想：他看起來很正常啊，怎麼會漏掉他呢？他告訴我獄友都叫他「歐皮」，我想：你當然是歐皮！我們就身在梅貝瑞啊！

[02] 我詢問他的背景，他告訴我他本是個大學生，因為搶劫被捕獲罪。

我查看他的檔案，發現此言屬實。警員們甚至稱他「紳士搶劫犯」，因為警察要把歐皮送進監獄前，他還詢問是否可以先把車子返還給他母親。歐皮解釋道：「因為媽媽白天上班需要駕車。」一位大學生搶匪嗎？我繼續閱讀報告，原來歐皮是因為海洛因上癮才搶劫自己的工作場所（一家披薩店），他從裝現金的抽屜裡拿錢，希望老闆不會注意到。他不是厄克爾那種搶匪，也不是我小時候遇到的那類小偷。

戲院很暗，地板向下傾斜。我選擇了靠近中間的座位，布萊德坐我旁邊，泰麗在另一側，邦妮坐在泰麗旁邊。我剛過八歲生日，我們和爺爺、奶奶住在蘭開斯特位於熱那亞街上的小房子裡。媽媽說這只是「暫時」，我們正在存錢準備搬進自己的房子。雖然我們搬到蘭開斯特才幾個月，但住在弗雷斯諾的那些記憶彷彿是好幾年前的事了。爺爺、奶奶的家很擁擠，但我喜歡住在那裡每天見到奶奶。

讓我帶大夥兒去看電影是奶奶的主意，雖然戲院就在轉角再過一個街區遠，但這可是一樁大事。我要負責照料弟弟、妹妹，奶奶給了我一個透明的塑膠零錢包，上頭有個綠色拉鍊。

在我入座扭著身軀要脫掉外套時，零錢包滑出掉落在地上。後面幾排是三個十來歲的男孩，我看到他們撿起它，看向我們坐的地方，然後打開錢包，拿出那幾張摺起的鈔票。他們知道是我的，因為我正驚恐地望向他們。我俯身告訴邦妮。

「去討回來。」她說。我知道我必須這麼做，因為家裡所有大人都相信我能負責我們這群孩子的初次獨立出遊。但我害怕那些男孩，此刻他們正大聲嚷嚷訕笑我。

其中一個說：「我要去買零食。」

「不，」另一個開玩笑道：「我們就把它留到下禮拜用吧。」

我鼓足勇氣，沿走道來到他們的座位。

「我的錢掉了，我必須把錢討回來。」我用低到幾乎聽不見的聲音說。

「什麼錢？你有看到錢嗎？」其中一個問其他人，他們聳了聳肩。

「走開，我們不知道你在說什麼。」

這時我已經快哭了，進場的錢已經付完，但我們還沒有買糖果。我告訴邦妮、泰麗與布萊德要等中場休息時才買，這樣布萊德才肯乖乖看他的第一部電影，畢竟他才只三歲。然後在第二部電影播映時他也才能有事可做。

我回到座位，讓邦妮坐在泰麗和布萊德之間，告訴她：「我幾分鐘後回來。」當我走回到走道，放映機的燈光在我眼前閃爍，照亮座位上那些人頭，那些人並沒有像我這樣因為錢被偷而拚命忍住眼淚。我並非覺得哭很丟臉，只是不想嚇到弟弟、妹妹。我已經在做媽媽和奶奶要我不能做的事：沒有好好照看著他們。但我還有其他選擇嗎？

我推開門，衝過販售零食的攤位，打開通向外頭的沉重大門。我一路奔回家，邊跑邊哭。當我衝進門時整個人已歇斯底里，哽咽著說出整件事：我把奶奶的零錢包掉在地上，幾個大男孩把它給偷了，他們不肯還我。我們所有的錢都在錢包裡，而且我還沒買糖果。那是個星期天，所以爸爸和爺爺沒在做什麼正經事。也就是說，爺爺正在喝一鍋牛尾湯，跟爸爸坐在餐桌旁邊喝湯邊談政治。我剛說完，停下來喘著氣，他們就從椅子上站起來了。

「一群王八蛋。」爺爺說。

「來吧，」爸爸說：「告訴我們他們是誰。」

現在我蹦蹦跳跳地返回戲院，爸爸和爺爺跟在後頭，爺爺嘟囔著「渾蛋」，爸爸說：「我們要讓他們知道不能欺負小女生。」我感覺自己飄浮在人行道上，偶爾才碰到地面，我的痛苦像爺爺的湯一樣蒸發了。我做了正確的事，跑回家告訴大家。不僅如此，這件事重要到男人們願意擱下他們的食物與政治。他們不喜歡看我難過，他們知道我對待事情有多麼認真。

他們大步走進戲院，站在走道上，爸爸粗聲粗氣說：「他們在哪？」隨著我們走近，我可以看出那些男孩們緊張了起來，在座位裡彎下身子，試圖讓人看不見他們。就在我們走到他們那排座位時，我停下來指向他們。

「在那兒。」我對他們沒有憐憫之心，爸爸站到他們旁邊。

「現在是什麼狀況？我女兒哭著跑回家，告訴我有幾個大男生拿了她的錢。」

「我們沒拿錢，先生。」坐在中間的那人答道，就是那個說要去買零食的。爸爸回頭看我，我點點頭。

「你說什麼，你這可悲的小雜種？」

「給他啦。」離我們最遠的那人說。中間那人小心翼翼拿出了零錢包。它是空的。

「錢哪兒去了？」爺爺吼道。

這讓他們更加害怕，突然三個人都伸手到口袋裡掏出偷來的錢。錢被放回奶奶的錢包後，我們轉身離開。

爸爸說：「欺負小孩子，你們應該感到丟臉。」

「是的，先生。」他們結結巴巴地回應。

「如果你們遇到其他麻煩，就告訴我們。」我們折回走道，爸爸這麼說，仍然在那幾個壞小子能聽見的範圍內。

我逕直走到糖果櫃台，在他們開門離開時向他們揮手，燦爛的正午陽光照了進來。我得意洋洋地返回座位，享受著這一刻與巧克力餅乾。電影結束跑起演員表時，奔騰的音樂教我激動不已。電影中，一些牛仔被活埋，然後被紅螞蟻吃掉。在現實生活中，我站在好人這一邊，而且我們贏了。

後來爸爸說他們是「少年犯」，並說如果他們不改邪歸正就會被丟進監獄。

我確信歐皮在青少年時期絕不是個少年犯，在一九八〇年代中期，加州興起監獄建設熱潮前，像他這樣的年輕人是不會被送進監獄的。

雖然顯然有毒癮問題，但他沒有犯罪記錄，且最重要的是——他是中產階級白人。法官可能只會判他緩刑與罰款，或是讓他選擇從軍，而不是把他送進監獄。

每一百個美國成年人裡就有一人被關在監獄，其中多數都有毒品問題。並不是說他們只是因為持有毒品就被關押，而是毒品是他們犯罪活動的地平線。

一九七〇年代末量刑法改變，改過自新的可能和法官的自由裁量權變得不再那麼受到重視，取而代之的是對特定罪行的強制性判決。這助長了「只要你蓋，他們就會進來」的關建監獄熱潮，並促成了「加州懲戒和平官員協會」（California Correctional Peace Officers Association, CCPOA），也就是獄警工會——加州最強大的工會。我很慶幸自己不是在新的監獄裡工作，它們充滿了金屬和混凝土，看不見植被和野生動物。

我開始工作的時候正好是CCPOA的權力達到頂峰之際。很顯然，工會和州長格雷．戴衛斯（Gray Davis）一同發號施令。當時州長才剛否決了一條對假釋中的非暴力罪犯提供藥物濫用治療的法案。否決這項法案將為納稅人撙節每年六億美元開支，但CCPOA想自己留下那筆錢，因此他們採取的方式就是把罪犯重新送回監牢。數年後，州長甚至提供工會成員驚人的33%加薪幅度。對於許多渴望更多監獄、更多權力、更多加薪的看守所工作人員來說，「改過」仍是一個骯髒的字眼。

我較偏好「救贖」（redemption）這個詞，而不是「改過」（rehabilitation）。因為改過聽上去像是外界強加的事，而救贖則是自我主動並希望能夠找到它。我認為歐皮對這份新工作任務相當感激，因為這很像他在大學課堂中的經歷。

歐皮是寫作職員。當厄克爾和微笑分別忙於電腦平面設計和繪畫時，歐皮則是在練習創意寫作。當他寫下一首詩，我會給予評論，他也會仔細聆聽。就像其他職員，他在這裡的學習是有給薪的。儘管監獄的薪資水平是出了名的低，但藝術矯正計劃提供的薪資仍是裡面最高的，一般職員每小時三十五美分，領班職員（厄克爾）則是四十五美分。

下週，我的第一個工作坊便會開始，我請歐皮擔任助教。其中有堂課「創意一〇一」的重點是創意寫作，同時也向大家介紹藝術矯正這個新計劃到底是在做什麼，當時已經有十多位學生報名。第一節課，我們會研習謝默斯．奚尼（Seamus Heaney）[03]的一首詩，我會請歐皮在課堂上朗讀，大家一起學習這首詩。

「聽聽這些句子。奚尼說：『……一生一次，渴望已久的正義之潮湧起，希望和歷史與之呼應。[04]』」我問歐皮：「你相信這是真的嗎？」

「我想是吧。」他思忖後說：「但我不確定。我的意思是，這讓我想起了馬丁．路德．金恩……所以我才說是，這是真的。但當我環顧四周，這裡還是有很多黑人。也許漲潮後還會落潮？」

「你能幫我拿到藍色大樓影印幾份嗎？」我問歐皮，遞給他一疊詩和一張紙條，上頭有我的簽名和影印的數量。

最後一刻，我加入了一篇《洛杉磯時報》關於史丹利．「圖基」．威廉斯（Stanley “Tookie” Williams）的文章。他是瘸幫（Crips）[05]的創始人之一，在寫下一系列反黑幫的兒童書籍後獲提名諾貝爾和平獎。這項提名在洛杉磯執法界引起了軒然大波，我覺得這本書應該可以僥倖過關，畢竟我們不在洛杉磯，而是在梅貝瑞。

二十分鐘後歐皮從藍色大樓回來，整個人驚慌失措。他告訴我：「警官擋下我。他不在乎這些詩，他只大概瀏覽了這篇文章一、兩句吧，就說：『搞什麼鬼？』然後我說：『它是要刺激我們去思考一個問題：救贖是可能的嗎？』他說：『夠了，給我滾。』我看得出他真的很生氣。」

我想這可能是從爸爸一九五四年在剛啟用的西側設施裡工作以降，「救贖」這個詞首次出現在警衛辦公室，甚至是在整個藍色大樓。我想，「紳士搶劫犯」跟我會相處得很好。

01 北卡羅萊納州的梅伯里（Mayberry）是一個虛構社區，被當成兩個熱門美國電視情境喜劇的背景城鎮。

02 「歐皮」（Opie）是電視劇中一個住在梅貝瑞的角色名字。

03 愛爾蘭詩人。一九九五年因其詩作「深具抒情詩的美與倫理深度，使日常奇蹟和鮮活的往事獲得昇華」而獲諾貝爾文學獎。

04 引自《特洛伊的治癒》（*The Cure at Troy*）。

05 洛杉磯的幫派。

IV. The Real World

第四章

真實世界

獄友們總在談論「真實世界」，彷彿他們沒有置身其中，好似人們只要一入監獄就失去了他們對世界所知的一切痕跡。我告訴他們，真實世界就是你身處其中的世界，但他們反對這種觀點。

我不禁好奇，爸爸一九五〇年代在加州男子監獄工作時，罪犯們也會談論真實世界嗎？當時西側設施被稱為「老人監獄」，是專門設計來收容年邁體弱的囚犯，這些人從其他七所州立監獄轉移至此。一九六四年，《洛杉磯時報》一名記者至此參訪，稱這裡的獄友是「罪犯社群中的鄉下紳士」，這些獄友們穿著 Polo 衫打網球、高爾夫球與沙狐球[01]。

後來，加州又增加了二十五所監獄。獄友們不穿 Polo 衫了，改穿所謂「監獄藍」的淺藍色工作服或罩衫，搭配深藍色牛仔褲，衣服上印著螢光黃的「CDCR 囚犯」（California Department of Corrections and Rehabilitation，加州矯正與更生局）字樣。

人們入獄時還會被賦予一個新身分——一組監獄裡用的身分證號碼，開頭是一個英文字母（按字母順序排列），後面尾隨五碼數字。一九九〇年代初，我剛開始在監獄裡教書，一些學生的號碼仍是B開頭。到我二〇〇八年底離開加州男子監獄時，號碼已經來到了V。

除了這個新身分，每位獄友還會被量化分類，用以判斷關押的級別。分類委員會審查每一名犯人的罪狀，其中是否涉及暴力，此外列入考慮的因素還包括年齡、婚姻狀況、幫派關係，以及先前的坐監紀錄。

第一級犯人的分數是十九分以下，第四級犯人的分數則為六十分以上，分數愈高，罪刑愈嚴重，若是性犯罪和暴力犯罪，分數就會比較高。

一級和二級的獄友會在西側監獄收容，如果光從級別來判斷，很可能以為宿舍分派在此的獄友都是扒手或是開空頭支票的輕罪，也就是加州刑事司法系統裡的童子軍。但事實並非如此。獄友的分數不是固定的，每年都會重新分類。表現良好就能獲得減分，所以無法從分數判斷出罪犯的罪行。西側設施裡就有很多表現良好的性罪犯。

東側設施的情況就不同了，它是三級監獄，裡頭只有牢房，沒有宿舍，以水泥圈圍起來的空地代替了庭院。東側設施包含一家醫院、兩個心理健康單位，一塊空地是專門留給心理疾病患者的。一般來說，跟他們年輕的同行相比，東側的終身監禁者是比較好的公民，特別是在各種專案計劃方面。因為監獄是他們永久的家，這些無期徒刑犯會想保護這個家裡他們所珍視的事物。

雖然藝術矯正大樓位於西側，但這個專案也提供給東側的獄友。某種程度上就像把兩份工作揉合在一起。因為東側的監禁層級較高，感覺上是另一個機構。而我也發現許多在西側行得通的事，在東側就不一定奏效。比如說，在我要開始上詩歌課程前，東側那邊的長官會堅持要我讀一首我自己寫的詩給他聽。我開始翻找我的包包，看到我的〈二十世紀末的咆哮〉（end-of-the-twentieth-century rant）是這麼寫的：「**不管市場能承受多少／城市的一端是監獄／另一端是扭曲的實驗室／爭奪著消費者的錢／與當地執法機構合作／以存在為理由維持國家運轉。**」西側的學生把這首詩稱為我的「沃爾瑪之詩」（Wal-Mart poem）[02]，因為這首詩與這個世紀的結尾都是燈火輝煌的超市停車場。

我當然不可能讀這首詩，幸好我找到了另一首十四行詩，講的是小時候在佛羅里達州的運河游泳，遇上一頭海牛，這聽上去夠無害了吧。長官聽完沒有提出評論，只頷首在紙條上簽了名，便允許我在他的監獄裡教詩歌了。

在西側，我們有創意寫作、打擊樂、唱歌、壁畫和吉他課程。在東側則是詩、抽象藝術與吉他。東側有兩位藝術矯正學生（一位畫家，一位詩人）都在全州監獄藝術比賽中獲得第一名。其實這也不意外，因為東側獄友的刑期較長，有更多時間可以進行藝術創作。

畫家薩爾瓦多被暱稱為薩爾，他同時上了詩歌與繪畫課。他和這裡的許多獄友一樣，青少年時期就被送進監獄，後來轉入成人監獄。他在聖昆丁州立監獄服刑時參與了謀殺某個獄友的行動，被判終身監禁。初次見到他時，我完全不知此事，我注意到的第一件事是這名矮小瘦弱的男人擁有享受每一刻的稟賦。由於我平時多數時間都待在西側，早已習慣西側獄友抱怨他們的生活環境。他們抱怨規定、食物、其他獄友、監獄工作人員、宿舍裡的噪音等等。而且多數人的刑期都是短期，很快就會被假釋出獄。

這裡有位被判終身監禁的囚犯自幼就被關押，永遠不能出去，而且因為他所在的監獄安全層級較高，所以他住的是牢房而非宿舍，不管要做什麼都更困難，我卻從沒聽他抱怨過什麼。當他得知新來的繪畫老師是個抽象藝術家時，我看得出他很失望。他跟許多監獄藝術家一樣傾向現實主義。在監獄裡，好的藝術家可以掙錢（或是賺到湯、咖啡），他們可以替別的獄友製作卡片給妻子、母親或孩子。但薩爾創作藝術就是只為藝術本身，且他真的很不錯。其他獄友可能會跳過抽象藝術課，但薩爾還是報名了。許多年後他告訴我，他學到的技巧對他來說是個轉捩點，讓他開創了新的藝術風格。

當然，當薩爾初次來上詩歌課時，他跟我都還不知道，他真的有朝一日能獲釋，時間是在二十一世紀的最初十年，加州只有少數終身監禁犯獲得假釋出獄的機會，他就是其中一個。也許我們會成為朋友或創意合作的夥伴，帶著「詩的正義行動計劃」走遍加州表演戲劇。有天，他會在詩歌活動上藉著朗讀我在監獄裡出的作業來介紹我：「寫一首關於救贖的詩，但不要用救贖這個詞。」那是另一個故事了。

我小時候曾覺得自己會進監獄。當時我們又在搬家，這次是從加州搬到佛羅里達州，爸爸要在卡納維拉爾角監督導彈發射台的建造。在這輛金色福特銀河裡發生的橫越國境歷險旅程並不是用英里計的，而是用爸爸因為我們打開後座菸灰缸而對我們大喊大叫的次數來計算的。我們輪流坐在爸爸和媽媽中間的寶座，另外三人則一起坐後座，然後我們被附在車門上的彈簧蓋菸灰缸給吸引住了，只要輕輕一碰它就會「喀答」一聲彈開。似乎只要靜靜看著它們，過一會兒它們就會自己闔上。

爸爸想在五到六天內完成這趟旅行，所以他拒絕所有不必要的停留，有次他要布萊德尿尿在一個可樂空瓶裡，在他往後的童年，我們一直拿此事取笑他。不過爸爸還是在幾個景點停駐。有些地方，像密西西比州的維克斯堡國家公墓（Vicksburg National Cemetery）是他自己想去的，他是歷史迷。但其他地方如石化森林（Petrified Forest）、彩繪沙漠（Painted Desert）則是為了我們而停留。對我來說，石化森林和枯萎樹林有著完全不同的含義。

邦妮就像林鼠一樣很喜歡囤物、收集各式各樣的寶貝。她在床底放了一只鞋盒，裡頭裝了彈珠、硬幣、紙娃娃的衣服、小玩偶與亮片。這口盒子讓我著迷，為什麼我在日常生活的平凡物件中看不到她看見的這些東西？為什麼我沒有收集、保存東西的衝動？但我就是沒有，我從來沒想過要這樣做。直到進了石化森林，我被壯觀的沙漠所包圍，到處都是五顏六色、大小不一的岩石。

園中到處張貼了告示：警告！偷竊石化木材是國家級犯罪行為。五歲的布萊德問爸爸告示寫的是什麼，爸爸解釋說，如果每個人都把石化木材拿走，石化森林很快就會消失了。我看著邦妮，她在拳頭裡握著一小塊木頭，其實就是石化木材。她假裝看看四周，然後把它塞進口袋。一開始我表現得像個大姊。「邦妮，」我低聲噓她：「你最好不要這樣。」

她從口袋裡拿出石頭給我瞧。它很整潔漂亮，上頭的紋路就像一座小型的大峽谷。它這麼小，沒有人會想念它的。「我必須擁有它。」她說。突然，我也覺得自己必須擁有一個。我撿起一塊小石頭給她瞧，然後我倆都以為自己神不知鬼不覺地將它們塞進短褲口袋。

我接著又去看一塊巨大的石化木材，上面點綴著紫色、金色和橙色的漩渦紋路。在爸爸喚我們集合返回車上前，我都沒注意到邦妮在做什麼。但布萊德一直在看著我們。

離開森林時一定會經過一個守衛亭。我們前面還有一輛車，我正用手指摸著我的石頭，這時布萊德從前排座位上以哼唱般的告密口吻突然說：「爸，黛比偷了一塊石頭。」

我轉頭看邦妮，她把口袋翻出來。

「我把我的放回去了。」她低聲說。

頃刻間我們已經到了小亭前，那名守衛幾乎把臉貼在駕駛座車窗上問：「這裡有人拿了石化木材嗎？」

爸爸什麼話也沒說，只是從座位上極緩慢地轉過頭來，仔細打量著後座我們每個人的臉。我動也不動，彷彿已經看見自己身穿黑白條紋的制服，就像漫畫裡的監獄制服。我永遠也沒辦法見到佛羅里達了，因為我會被送進監獄，而家裡其他人都在佛羅里達游泳、跟短吻鱷摔跤、盡興遊玩。這一切都是因為我想擁有一小塊自然歷史，一小塊或許到處都有的蠢石頭！悔恨淹沒了我。

我當時一定屏住了呼吸，因為當爸爸轉身對守衛說「沒有，這裡沒有木頭」時，我重重吐出了一口氣。他笑了好幾英里，媽媽、布萊德、泰麗甚至邦妮都加入了取笑的行列。最後我也笑了，還不時穿插著回應：「爸！這不好笑！」

邦妮對漂亮東西的鍾愛從未消逝，我想擁有歷史的願望也從未離我而去。可是隨著爸爸的車子駛出石化森林的守衛亭，我倆對偷東西的興趣都消失了。

二〇〇一年五月初，在一輪滿月下、一場足球賽後，第一區發生了刺殺事件，結果整個區域封鎖了一週。我所有的職員都住第一區，所以這期間安靜得有些詭異。我利用這段時間完成了我的三年藝術計劃，趕完堆積如山的各類文書工作。然後了解處理複雜管理任務的最佳時機就是獄友們不在的時候。

尾隨第一區的刺殺事件，緊接著第三區有一名獄友試圖割喉自殺，第一區有人心臟病發身亡，而第四區（也就是整個監獄裡安全級別最低之處）有人越獄。加州有五所監獄會讓獄友進行滅火訓練，加州男子監獄就是其中之一。第四區，也被稱為「營地庭院」，這裡的獄友擁有更多自由，經常離開監獄去幫忙救火，或是到公園、高速公路旁工作。他們的伙食較好（我聽說是牛排，而不是外頭做好的配給餐），因為他們的工作需要體力。

那個成功越獄的第四區獄友可能就只是離開了他當天被分派的工作崗位（也許是在海灘上撿垃圾），然後搭便車進城。有傳言說他是因信用卡詐騙而被判了兩年徒刑，當時已經服刑一年。逃跑後，他偷了前妻的車，在附近的 Target 商店[03]被捕。我這才知道，旋將獲得假釋的獄友提前做些事來阻止自己被釋放，這是相當普遍的現象。他可能會傷害另一名獄友，被抓到攜帶毒品或手機，或者像這名獄友一樣試圖逃跑。幾年下來，我逐漸意識到，有些獄友害怕假釋。他們會被送回原來那個問題重重的社區，或是他們幾乎沒有工作技能，合法謀生的希望渺茫。又或者他們已經習慣了監獄，這裡就是他們的家，他們被監獄化了。

封鎖結束後，我的職員和學生回到藝術矯正課程，我們討論了剛剛讓自己刑期增加的那個越獄者。我對我的創意寫作班說：「至少他不是去沃爾瑪。」這引起了一陣笑聲。

我度過在監獄工作的一週年紀念日，是時候展示一下藝術矯正專案進行得怎麼樣了。作為一個監獄藝術家／引導師，我教授自己的課程，同時招募並培訓願意在監獄工作的專業藝術家。這些藝術家必須通過背景調查、參加培訓、提交結核病測試報告，並提供指導獄友時所需的詳細物資和設備清單。

我有個大計劃，我要讓西側創意寫作班的學生寫一部戲，並且把其他班級——平面設計、吉他、打擊樂、唱歌——的學生都納入合作表演中。我們要在藝術矯正大樓一個多功能的大空間裡表演。

我知道最好不要申請使用藍色大樓的舞台，因為我恐怕還沒有得到值班中尉和中士的喜愛，他們值的是第二班，每天早上六點至下午二點。而我先前舉辦的活動就是重組後的嘟哇（doo-wop）04樂團「漂流者」的午餐表演。

在過往的監獄生活中，藍色大樓的大禮堂經常用來舉辦獄友的電影之夜，舞台上還會有現場表演。誰知道呢，如果是以前，漂流者樂團或許就可以在藍色大樓表演。但此時的禮堂被當成工作室，有點像是獄友的工作區，他們在這裡為藍色大樓的上尉、中尉和中士工作，舞台上堆滿了多餘出來的用具和折疊椅。

由於想參加演出的獄友人數眾多，於是當時我想：為什麼不在藍色大樓裡舉辦音樂會呢？音樂會該日，監獄工作人員有不少抱怨，但羅賓遜先生同意了，他們又能怎麼樣呢？

超過一百名獄友聚在一起聽漂流者樂團演出〈木板路下〉（Under the Boardwalk）、〈爬上屋頂〉（Up on the Roof）、〈神奇時刻〉（This Magic Moment）和其他一些嘟哇樂風經典歌曲。我的歌唱老師兼朋友卡門與她的學生一起被邀上台。他們和漂流者一起表演〈在百老匯〉（On Broadway）這首歌。漂流者中的一個成員從一名獄友手中奪過麥克風，開玩笑地指責他試圖搶走自己的工作。然後漂流者又微笑著把麥克風還給他，這名學生是個年邁黑人，外號「好萊塢」，他在漂流者的支持下唱起〈你送我〉（You Send Me），表演了十五分鐘。獄友觀眾們都非常激動，因為居然有個獄友搶了明星的光環。對所有參與者來說，這是一場非常令人振奮的演出──除了中尉之外。他告訴我，藍色大樓的舞台將不再用於任何演出。他承認那些音樂還不差，但他不喜歡那棟樓裡聚集了一百個獄友。

這個旋將誕生的節目，其麻煩始於我自己的班級。我想讓一群詩人先達成共識再開始寫劇本。其中一個學生想寫外星人，我不同意那個想法。我們就這樣掙扎了好幾週，除了自己的想法，沒有人能接受其他想法。期限迫在眉睫，其他的藝術老師和學生們都在等待我們的「劇本」。根本沒這東西。

微笑一直在講一隻從巢裡掉出去的烏鴉寶寶，就在我們的大樓外，以及烏鴉爸媽是怎樣發瘋似地尋找牠。而我做了有史以來的藝術家們都會做的事，我很肯定，把隨便兩個概念放在一起，然後「砰」一聲，東西就生出來了──我們要做一個真實世界和烏鴉寶寶的戲劇。其中一個學生說：「托波拉女士，我不明白你的意思。」

我還沒來得及回答，另一個學生就插了進來：「烏鴉是個隱喻，代表要回家的孩子，對吧，T女士？」

「沒錯，」我果斷說：「你今天得了A。我們永遠不能低估隱喻的力量！」

我們的戲劇《烏鴉》，主角是個叫朱尼爾的年輕囚犯，十四歲就被關押入獄，從青少年看守所畢業後轉進成人監獄。這個前提反映主角遭遇的情境，朱尼爾問前輩們，在「真實世界」中會面對什麼，每個人都給他不同的建議。就在他到處問的時候，一個獄友打斷了他，告訴他從窩裡掉出的烏鴉寶寶的最新進展。這隻烏鴉受到一名美國原住民獄友的妥善照顧，恢復健康後卻不知該去哪兒，到底該飛回父母的巢，還是進入真實世界？

我們的背景是幾隻烏鴉在夜晚的監獄庭院裡飛來飛去，由藝術老師和學生們一同製作。我們始終沒有把劇本寫在紙上，它比較像是即興作品，搭配康加鼓聲和歌曲。我有些緊張，因為其中一名表演者傑瑞同時擁有溫柔的嗓音與暴力犯罪史，即使有排演，也很難預測他會在現場說出什麼。

我們初演時，除了教育中心的學生和工作人員，羅賓遜先生也在觀眾席裡。表演進行到一半，朱尼爾走到傑瑞身邊，問他在真實世界裡會面對什麼。傑瑞對監獄外的世界讚不絕口，他說他等不及要假釋出獄，然後給自己來點「火熱……火熱……火熱的……」我屏住呼吸，直到傑瑞說出「巧克力」時，我才鬆了一口氣。

我最喜歡的部分是好萊塢演唱〈如果我是有錢人〉。我問卡門有沒有她的哪個學生能唱這首歌，因為在我們的無劇本表演中有個完美的時間點可以放入這首歌。當朱尼爾詢問好萊塢「真實世界是什麼模樣」時，這個前輩會慫恿朱尼爾去投資石油，這時就會播放《屋頂上的提琴手》的經典配樂，另外兩名年長獄友也會加入，三個老人圍著這孩子，手指打著節拍又唱又跳。

我們為教育中心的獄友表演過幾次《烏鴉》，之後又為外來訪客表演一次。這可是很大的事，一名記者和攝影師來到公共表演現場，《烏鴉》成了當地報紙娛樂版的頭條新聞。

一名獄友寄了一份面談要求表格給我，這是獄友用來和工作人員交流的方式。這個獄友叫皮可，他感謝我讓他參演《烏鴉》，他說，過去他的低自尊和恐懼讓他「困在一個西班牙裔男孩的框架裡」。我把這封信收進書桌最下面的抽屜，它證明了藝術矯正是在黑暗中閃閃發光的燈塔。

01 沙狐球又名沙壺球，相傳源自英格蘭，介紹這項運動的文獻最早可追溯至一五三二年。當時它只是一種桌上滑動銀幣的遊戲，使用的是英國硬幣，也被稱為推硬幣或滑硬幣。後來逐步出現了專用的沙狐球，類似的遊戲有英國彈戲。美國約莫在南北戰爭期間引入並逐漸普及。

02 沃爾瑪是美國知名美國的零售企業，經營跨國連鎖大賣場。

03 美國僅次於沃爾瑪的第二大零售百貨企業。

04 一種音樂類型，一九四〇年代發源於紐約、費城、芝加哥、巴爾的摩等美國大城的非裔美國人社區，「嘟哇」此一稱呼首見於一九六一年的出版物，其在五、六〇年代成了主流風格，是當時最主流的節奏藍調風格，特徵為多人和聲、無意義的填充音節、簡單的節拍和歌詞，對靈魂樂、流行樂和搖滾樂都產生了影響。

V. Dream Prison

第五章

夢幻監獄

有一晚，在我的詩歌課上，一個學生問我是否有興趣接收他捐贈的娃娃屋，那是他在職業教育課程中用廢棄石膏板建起來的。他說他本想把它寄回家給女兒，但獄方不讓他這麼做。在此任職的十四個月裡我也學到了某些事，我知道獄友不能擁有任何由國家材料製成的物件。除了能在食堂買到的東西以外，一切都是國家所有。這就是為何監獄裡的藝術家們在沒有藝術矯正這種專案的情況下，都用糖果紙來製作小飾品，拿餐巾當微型畫布。因為糖果跟餐巾可以在食堂購得，是獄友的迷你市場。

「當然好啊，」我說：「我們接收它。」翌日，我領著我的三名職員來到了這個職業石膏板前，把它放到手推車上推回我們的大樓，許多看到這一幕的獄警都覺得很好笑。它勉強可以穿過我們大樓的後門，是個體積巨大、四四方方的物件，有個圓頂。它一點也不像我看過的任何娃娃屋，包括我最愛的「黛比的夢幻小屋」，那是我們搬至佛羅里達前奶奶買給我的聖誕贈禮。我並不是真的會玩洋娃娃，只是想要擁有自己的房子。我的夢幻小屋需要電池：門鈴會響，壁爐會亮，客廳的燈也會亮。我最喜歡的部分是浴室裡的綠松石洗手檯和浴缸。

「這看起來比較像機構建築，不像娃娃屋。」我告訴我的職員。

厄克爾嘆了一口氣。「浪費時間，」他喃喃：「我們該拿這東西怎辦？」

微笑只是微笑著。

我看著歐皮，他是我詩歌課的助手。他說：「這是夢幻監獄。」也許在我八歲那年奶奶送給我的禮物迄今一直烙印在我的心上。如果可以擁有一個「夢幻小屋」，為什麼還要有真正的屋子呢？或是，如果可以擁有一個「夢幻監獄」，為什麼還要有監獄？

當我在詩歌課上提出這個概念時，一個學生說：「夢幻監獄就是沒有監獄。」

「當然，」我回嘴：「但既然社會已經決定了我們必須要有監獄，我們要怎麼讓它們變得更好呢？我們能設計一個模範監獄嗎？它會是什麼樣子？如何運作？」

我要求班上的詩人們想出一個比此刻的住處更好的方案。我認為夢幻監獄是集體想像的虛構產物。

很快地，各種想法紛紛冒出來：監獄要種植糧食並飼養牲畜，使其自給自足（並消除令人反感的制度費用）；官員要受訓成為教師或社工，不再攜帶武器；居所要有獨立臥室、公共的餐廚和起居空間；提供大學課程；每天早上都有靜心冥想聚會；針灸要被列入醫療選項；要有資訊科技中心，讓獄友接受新興科技培訓。

事實上，我們不需要想像這些，因為這個夢幻監獄早已在其他國家設計、建造並運行了，尤其是在幾個北歐國家。與這裡的監獄相比，那裡的監獄就像豪華飯店。瑞典、挪威、丹麥與芬蘭的監禁率和累犯率都遠低於美國，北歐人的哲學和美國人那種「把他們鎖起來，鑰匙丟掉」的思維大不相同。

挪威沒有終身監禁，最高刑期就是二十一年。他們的重點是改過而不是懲罰。監獄工作人員鼓勵內省和互動（甚至是在工作人員和獄友之間），他們希望獄友學習新技能，讓他們能遠離監獄。許多獄友每天都要外出工作或學習，他們可以見到自己的家人，只是不能同住罷了。北歐人的感性旨在使監獄盡可能地舒適，並聘僱特別樂於助人的員工。最後你就沒什麼可抱怨的了，除了你自己的犯罪行為。

令人遺憾的是，這裡完全不是這麼一回事。我們是在戰區，監獄與工業複合體需要更多人力來維繫它的發展，這裡的薪資就是由它支付的，不只是監獄工作人員，它還包括許多相關產業，像是食品供應、電話、醫療保健、服裝、交通，還有我的藝術矯正專案。

警官們對大多數獄友並無人際關係上的情感，對他們來說，獄友只是監獄裡的數字，不是真實的人。官員們的口頭禪是「你什麼也得不到」，意思是不管你因為犯了什麼事進到這裡，都是你自己活該，你是不受歡迎人物。他們常告訴假釋的獄友：「回來時順便帶個朋友來。」

這不是一種鼓勵獄友審視自我人生、做出彌補、開始改善自我的氛圍。我希望藝術矯正能為他們提供一個做夢的空間，因為這是轉變發生的必要條件。而轉變不就是我們想要的結果嗎？我希望藝術矯正能為這些人提供一個空間來想像不一樣的未來。想像一個不一樣的未來，是我的親身經歷。

佛羅里達的梅里特島是個天堂，每個地方都可以通向水邊。我們周圍都是生氣蓬勃的名字：香蕉河、可可海灘、卡納維拉爾角。就連商店的名字都很好聽，我們不是去7-11，而是在附近的 U-Tote-Em 買許多糖果。我們在 Dipper Dan's 買了冰淇淋，又去 Winn-Dixie 添購許多生活用品。

可可海灘是我們鄰近社區中最具魅力的地點，因為它是著名連續劇《太空仙女戀》（*I Dream of Jeannie*）裡的基地。主角珍妮教我既著迷又厭惡，她是一個精靈，住在一個裝了絨毛枕頭的瓶子裡。她有足夠的魔法可以自由出入瓶子，只要交叉雙臂、點點頭、眨眨眼就成了，但她沒有足夠的魔法讓太空人托尼娶她，這似乎是她最想達成的願望。因為托尼找到了瓶子，他就是她的主人。珍妮總說：「主人、主人……」還有：「哦，主人！」

我很喜歡她的衣服：用絲巾做的長褲，天鵝絨背心，還搭了一頂同款材質的天鵝絨帽，一條絲巾從帽子裡垂下。我喜歡她瓶子裡的家以及她擁有的魔法，但我討厭她把所有的魔法都浪費在太空人身上，尤其是她伺候他並喊他主人的方式。如果她沒有得到自己想要的東西，還會噘嘴鬧脾氣，就連我都比她成熟，雖然我那時才九歲。

如果珍妮嫁給托尼，接下來會發生什麼事呢？她會像媽媽那樣養育一群孩子嗎？他會每天晚上出去喝酒，週末打高爾夫球，回了家就跟她吵架嗎？她會不會在他打長途電話給他父親時對他發脾氣，用木勺打他？托尼會不會說：「爸，等一下。」接著放下電話，在披頭四正在《艾德．蘇利文秀》（*The Ed Sullivan Show*）[01] 演唱〈我想牽你的手〉（I Wanna Hold Your Hand）時，一拳打穿牆壁？珍妮會用日曆把牆上的洞遮掩起來，直到托尼抽出時間來將它補上嗎？

我小時候習慣用第三人稱來敘述我腦海裡的生活，就像我是書中人物一樣。有的時候我在去學校的路上也會這麼做。有輛綠松石色的公車每天把我們從莊園公寓送到學校，車上的小朋友覺得我長得很怪。一雙特別深陷的眼睛，從依然還有嬰兒肥的圓臉頰上探出來，淡金色頭髮剪成碗公的造型。他們唱著：「愛斯基摩女孩，愛斯基摩女孩。」她不搭理他們，假裝他們是在談論別人。

其實我不知道愛斯基摩女孩到底長的什麼樣，直到我讀到《來自異鄉的孩子》（*Children from Other Lands*）這本書，書中有個黑髮、深膚色的女孩正在吃一根薄荷棒棒糖，薄荷棒的顏色跟她身上的綠條紋白大衣一樣。我跟她一點也不像，但我也不像學校裡那些被認為很漂亮的女孩。她們都長著圓圓的眼睛，不是斜長型的。

如果我是珍妮，當那些小朋友開始取笑我的時候，我就會眨眨眼，讓自己離開公車。如果我是珍妮，我也會住在瓶子裡面叫喊著主人。如果我是我媽，我就不會有任何魔法，只有牆上的一個洞。

我想像著不一樣的未來。如果我是愛斯基摩女孩，我就會有一件漂亮大衣，住在其他國度，待在一個沒有電視、電話，甚至沒有木勺的國度。於是她就抱著這個想法，吸吮著薄荷棒，把自己裹進溫暖大衣裡。

在我的監獄詩歌課裡，有個學生明顯很有天賦。愛蜜麗在二十一歲以下的獄友班級中發現他正在創作一首詩，於是讓亞歷杭德羅來我的班上上課。他是從少管所開始寫作的。關於那次經歷，他這樣寫道：「當他們把平板電腦與筆交到我手裡時，那群奪去我生命的人又將生命還給了我。」自此以後，他讀遍他能弄到手的每一本書。

他年方二十，還有點嬰兒肥，長有一張圓圓的、情感豐富的臉，我根本無法想像他會犯下任何罪行。他的詩教人驚嘆——簡單卻深刻，帶著一種異趣，這種美妙並沒有因為他長年待在這個體系裡而消失。我告訴他，他是天生的詩人。

再幾個月歐皮就要假釋出獄了，我強烈建議亞歷杭德羅，只要這個工作一開缺就趕快申請。我告訴他：「你屬於這裡。」

「但我需要學個能掙錢的技術，這樣出去後才可以養家。」他想在職業汽車修理廠找份差事。

「我不知道，托波拉小姐。」他說：「我很想在這工作，但我有孩子。既然我可以學個一技之長來養家，為什麼要來這裡工作呢？」

我沒辦法馬上回答他，但我寫了一首詩送他。

獻給獄中的詩人

詩歌的技藝與汽車維修終究沒有什麼不同。

有了正確的工具——火炬，文字
你就可以把一個鏽跡斑斑的世界變得煥然一新。
給你一些顏料、玻璃和鉻，讓它成真。
技藝不是問題：重要的是藝術。
詩人和拍手的觀眾有什麼區別
在一個想法上塗抹一層新漆
更加神祕，更加緊迫。
詩的藝術與謀生無關
而是與創造靈魂、開展世界的靈魂相關
它是呼喚，也是回答。
詩人永遠是詩人
無論他身在何處，不管他發生什麼事。
他寫詩是因為這是他唯一能做的事
當他周遭的人做得太多或太少。

他寫詩是因為無論他是否自覺，
他乃是在與上帝對話，在翻譯這個痛苦的現世，
解釋那些可怖或美好到教人難以置信的事，
呈現它們，讓他人接受，
逐字逐句。
就連年輕的詩人也知道
這天賦是一份負擔，他所編織的
乃是一籃脆弱的文字，負載著整個世界。
他痛苦承受，然而他的文字可能會喚起一個更溫柔的世界，
在那裡，真理是一朵月桂花
盛開在黑暗的喉嚨裡。
詩人深知沒有輕鬆的捷徑可走
仔細組裝他的工具，你的交通工具，停下，
後退一步，透過那淡淡的藍色看著你，

亞歷杭德羅接下了藝術矯正的工作。我告訴他，他的職責包括替我煮咖啡。

「禪與詩的藝術。」我解釋道。

「好吧。」他說。

另一個職責是不斷地問正確的問題，例如：為什麼他該在這裡工作，而不是去修車。

我鼓勵他用自己的母語寫詩。

「我不會西班牙文，」他說：「只會一點西班牙英文。」

「好，那就用西班牙英文吧。」我回答。

亞歷杭德羅的天賦得到了班上同學的認可，聽過他朗誦詩歌的老師也同樣認可。左拉——同等學力測驗的老師——要求亞歷杭德羅在我們的年度高中畢業典禮上讀一首詩。收到這個要求時，我宣布他是「西側桂冠詩人」。我向亞歷杭德羅解釋道：桂冠詩人是要為特殊場合寫詩的，比如畢業典禮、總統就職典禮。他嚴肅地點了點頭，然後露出笑容。

又過幾個月，我在監獄的工作就要滿兩週年，我準備去阿拉斯加度假十天。離開前，我把職員們集合起來交代一些事情。

「別惹麻煩。如果你看到麻煩迎面而來，就閃到別的地方去。」我對他們所有人說，但我看著亞歷杭德羅那張圓而開闊的臉與剛理好的平頭。到底是意識到他的處境，還是純粹第六感？亞歷杭德羅撐過去的機會極其渺茫：一個站在打擊區已累計兩好球的非法移民，接下來人生做出的所有決定都只能是正確的，還得一直有好運相伴才行。

返回莫羅灣的公寓後，有個星期天，我還在整理行李，電話鈴響了起來。愛蜜麗告訴我：「亞歷杭德羅被帶走，看上去是不會回來了。」

亞歷杭德羅被送進「洞」裡，正式名稱是行政隔離（Administrative Segregation），因暴力行為而被單獨監禁的意思。愛蜜麗告訴我，他在第一區挑起一場鬥毆，以鋼筆當武器攻擊另一名獄友。這種事實在蠢過頭了，教人難以置信，但我的另外兩個職員——其中一個就是厄克爾——隔天信誓旦旦告訴我，他們看到整件事的經過。過了好些年，我才知道當時到底發生了什麼事。

亞歷杭德羅被關進了禁閉觀察室，獄方要對他進行自殺監視。厄克爾推測他只是在玩把戲，藉此脫離這種混亂狀態幾天。他堅稱亞歷杭德羅沒有自殺傾向，只是需要受保護。

的確，監獄裡沒幾個安全的地方，醫院是其中一個。

原來亞歷杭德羅知道他很快就要離開，他把正在創作的詩從他使用的文字處理器中刪掉。他可能聽說敵對幫派的某個成員準備殺他，於是覺得是時候收拾一下了。現在回想起來，我度假的前一天，他竟不想去藝術矯正的小圖書室查找資料，這確實很怪，畢竟我們才剛接獲訂單，而且大部分都是詩。他顯然知道他的休息時間將會讓他永遠「休息」了。

他自己的詩沒了，但他留下了米拉．布魯克斯．韋爾奇（Myra Brooks Welch）的幾行詩：

也許，為一個尚未展開的夢想而死
很容易，且能被寬恕的，
然而，受世界嘲笑，仍堅持跟隨著微光，
並繼續存活，才是最困難的。

我不熟悉這位詩人，我希望那一線微光意味著擺脫幫派的自由人生。我無法不去想像他接受自殺監視時的模樣：一個長著娃娃臉的暴徒，宣誓效忠國內的恐怖分子，蜷縮在黑暗牢房的角落，內心閃爍著詩歌的光芒。

血進血出，這就是墨西哥的幫派。你不可能像《錄事巴托比》（*Bartleby, the Scrivener*）[02] 的主角，某天醒來後說：「我寧可不。」（"I prefer not to."）如果我是亞歷杭德羅，我絕對會有自殺傾向。但也許他會有一段嚴肅的對話，重拾他拋棄的天主教信仰或者重生。也許他永遠無法離開監獄，死於跟幫派同流合汙，或是死於脫離幫派。當然，我很想親自去東側設施的禁閉觀察室瞧瞧，問他到底發生了什麼事。但我不能。如果我對某個獄友（甚至還是我的職員）表現出這種程度的關懷，就會被認為過度親密。所以我寫下亞歷杭德羅最後的工作報告，附在他的時間表上，同時附上我的推薦信：

敬啟者：

亞歷杭德羅是個詩人。

六個月後我遇到了他。我延請了一位洛杉磯的喜劇演員到東、西兩側的每個院區表演單口相聲，外加一場員工表演。當時我在東側D區，那裡住的都是有精神疾病的獄友。喜劇演員的俏皮話讓我有些坐立難安，畢竟我們是在一個充滿性犯罪者的監獄裡。這時我聽到右邊傳來「托波拉小姐，托波拉小姐！」的叫喚，亞歷杭德羅就在那兒，他頭髮長了，有微微的波浪。我想擁抱他，像幾個月沒見兒子的母親一樣，但我當然沒這麼做。他微笑。

「你還好嗎？」我問他。

他點點頭，說：「我要待在這裡，能多久是多久。」

亞歷杭德羅現在住在D區，這裡的獄友都有心裡或身體方面的殘疾。他待在這裡比待在普通人群中安全。

我告訴他，還有人在讀他的詩。在我們的詩歌慶典上，有個西側的獄友讀了亞歷杭德羅的詩。同等學力測驗的老師左拉要求翌年典禮上再讀他的畢業詩一次。詩人可以退場，但他的作品永存。

亞歷杭德羅說他沒再寫詩了，但他在讀聶魯達的作品。「他現在就像是我最好的朋友。」

我聽了很開心，因為是我把這位偉大的智利詩人介紹給他的，還帶了雙語版的《船長的詩》（*The Capitan's Verses*）給他研讀。

「我告訴他們我聽到一些聲音。」他說。

「所有的詩人都會聽見聲音。」我回答。

醫生們必須意識到他不是瘋子。也許他們是想幫助他，給他一個遠離幫派暴力的避難所。我向東側設施的醫務工作人員默默祈禱：如果你們有能力救人，請救救他。

01 此節目自一九四八年開始播出至一九七一年，是美國電視史上最長壽的節目之一。

02 梅爾維爾的小說。

VI. 911

第六章

九一一

二〇〇一年九月二十一日早上，我的伴侶亞特致電給我。

「快開電視，」他說：「兩架飛機剛剛撞上了世貿中心。」

「什麼？世界末日到了嗎？」我問。

「不知道。」

如果這是世界末日，那麼在我們離開的時候，亞特是少數我還能與之交流的人之一。此外還有我的兩個兒子、媽媽和弟弟、妹妹。亞特和我初見是在二十二年前中國湖海軍航空武器站（China Lake Naval Weapons Center）的聚會上，那是在里奇克萊斯特，是莫哈韋沙漠裡的一個小城。當時我是《每日獨立報》（*Daily Independent*）的記者，也是婦女中心時事刊物的編輯，剛寫完一篇關於用優酪乳灌洗器治療陰道酵母菌感染的文章。

亞特說這篇文章在那個保守的軍事重鎮引起不小的轟動。

「不然要把它放在哪兒？」我回答，多少有點吃驚。

「很多男人會看婦女中心的時事刊物。」他說。

「哦，好吧。也許他們能讓他們的太太知道。」

亞特特別欣賞標新立異的女人，雖然（或者正是因為）我的成長環境比較狂野，我還是想要個穩定的男人，但對方必須聰明、善良且風趣。幾個月後，我們兩人都搬到了阿拉斯加，不到一年又各自回到加州。雖然我們有不同的伴侶，但我們一直都在彼此的生活中，最後就走到了一起，雖然經常不是住在同一城鎮。現在我在莫羅灣，亞特住在貝克斯菲爾德東北約五十英里的克恩河谷。他是一名補助金企劃撰寫人和顧問，專門為無家可歸者申請住房補助款。

我的電視機壞了，我反正也很少看。接到亞特的電話後，我做了我早上通常會做的事情：收聽公共廣播電台。對於這次攻擊，我沒有看到任何影像，只有鮑勃・愛德華茲（Bob Edwards）[01] 持續敘述現場狀況時那超自然的平靜聲音，以及我自己的想像。不知何故，這似乎比電視上的畫面更讓人揪心。愛德華茲採訪了一名目擊者，他是兩個街區外一家餐廳的廚師，他說他看見到處都是紙片飛舞，然後有人從塔上掉落或跳下。一個受訪者告訴愛德華茲，他在一英里外都能感覺到那股高溫。另一名男子以顫抖的聲音說，他距離世貿中心只有一個街區，被困在自己十一樓的公寓裡。倒塌大樓的灰霾已經把白天變成黑夜。

不管是不是世界末日，我都得上班報到。

在走道入口處，警官對早上發生的事件隻字未提。我走到控制中心檢查我的「個人警報裝置」——一個看上去就像車庫遙控的東西，繫在我腰帶上。監獄裡的檢查流程跟平常並無二致，甚至連一絲悲傷或恐懼的表情都沒有浮現。什麼都沒有。這讓我很震驚，因為在監獄一切都是緊急狀況。工具不見了、一個獄友沒有出現在指派的工作任務場所、獄友在庭院裡「成群結黨」（grouping）、機構的定期審核、老師點了披薩給他的班級吃（然後被解僱、送走，或是在公開羞辱儀式中被護送離開），全都是緊急狀況。但現在，在文化和金融中心、自由女神像和埃利斯島的所在地——紐約——遭受恐怖攻擊後，這些警官居然面無表情。這是緊急狀況！我內心尖叫，但什麼也沒說。一直到我的獄友職員抵達藝術矯正大樓後，我才看到面對早上的事件時該有的人性反應。

厄克爾和「傳教士」兩人抵達時都很沮喪。那時歐皮與微笑已經假釋，亞歷杭德羅還在東側設施，所以我身邊是厄克爾和我的新職員傳教士，他正透過郵購課程研讀神學，他已安排好假釋後在教堂的活動和演講。傳教士填補了我團隊中平面設計師的位子，雖然繪圖不是他最主要的興趣，但他有點天賦。我正在尋找下一個創意寫作職員，這是最重要的職位。

看起來，監獄裡的小道消息傳得跟網路一樣快。他們知道稍早發生的一切，但他們想親眼看看。厄克爾問可不可以打開電視，我們打開了一起看。令我目不轉睛的不是飛機墜毀的畫面，而是那些堅決尋找倖存者的人們。

我看到一個戴著亮藍色安全帽的人在廢墟中挖掘，他挖了又挖，不肯停下來，彷彿不停挖下去就能讓時間倒轉，讓可怕的影像倒轉——人們尖叫著往下跳躍離開這個世界，塔樓燃燒，噴射客機斷裂。那些影像不停重複、重複、向前、向後、失序，重複直至揮之不去。那名挖掘的人並不是在尋找黑盒子，那只邪惡的容器。他知道邪惡看起來、聽起來、聞起來是怎樣的。繼續挖掘——廚師履歷、護照、被鐵絲纏住的雙手、股票與債券、美工刀、消防員的夾克，沒有更多倖存者。當風把紙從天上吹下來，紙變成了天使，天使變成了人，人又變回了天使，它們就此消失，成了光。在我的職員們去吃午餐時，我關掉電視，走回我的辦公室，從小冰箱裡拿出我的午餐，坐在辦公桌前開始哭泣。

初次意識到這個世界可能相當可怕那時，我才十歲大。當時就像現在一樣，人們因為種族、信仰差異而相互爭鬥。有些壞人只要逮到機會就會做出可怕的事來，比如謀殺和綁架。而無論你的世界充滿了多少歌聲，恐懼總是潛伏在側。

我跟史蒂芬妮・斯汀奈特毫無相似之處，她金髮大眼，就是典型的美國美女。史蒂芬妮來自一個天主教大家庭，家裡有十個孩子，她媽媽看起來就像電視劇《飛行修女》（*The Flying Nun*）裡的母親。史蒂芬妮有兩個跟她一樣漂亮的姊姊，其中一個是空服員。她那群兄弟都留著淺色平頭，我沒辦法分清每一個人。

史蒂芬妮會講很多精彩的故事，比如一個住在對街的小女孩，她告訴爸爸、媽媽，她要跟上帝一起生活在天堂裡。然後她被車撞到，死了，成了天使。我對天使、上帝或天堂知之甚少，我們家沒有上教堂，但斯汀奈特家的人很重視每個星期天和節慶，女士和女孩們都會戴上白色手套，頭頂戴著很像針織小餐墊的東西。

史蒂芬妮不僅是我最好的朋友，也是我想成為的人。不光是因為她漂亮、有一個大家庭、她知道的聖徒知識，還因為她會唱歌。「山嶺在音樂響起時甦醒……」（"The hills are

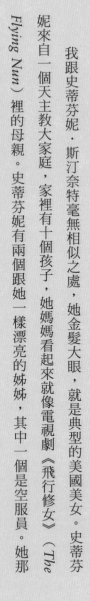

alive with the sound of music,"）[02]我們唱著歌，穿著緊身胸衣和寬鬆裙子，張開雙臂旋轉。我們花很多時間唱歌、模仿茱莉・安德魯絲（Julie Andrews）、夢想著成為女人。史蒂芬妮會成為修女或空服員嗎？我會在閣樓上寫故事，還是會開一家孤兒院？我第一個孩子的名字一定要叫喬，就像露意莎・梅・奧爾科特（Louisa May Alcott）[03]在《小婦人》（*Little Women*）中塑造的英雄一樣。

我唱歌沒有史蒂芬妮那樣好聽，我的聲音會像在街區四處流浪，找不到容身之所，或像我外婆諾妮說的那樣：「這裡有個人連一個音調都唱不穩。」若是史蒂芬妮張開嘴，發出來的就是清脆純淨的女高音，絕對好聽到可以上《艾德・蘇利文秀》，只要有人發掘她的話。

史蒂芬妮和我在梅里特島啟動區小學（Merritt Island Launch Area Elementary）裡是高級六（Advanced-Sixth），這表示我們是六年級裡成績最優秀的。我們注意到也討論過這件事：學校裡有黑人，但沒有任何一個在高級班，只有一個是中高級，就是高級的下一級。他叫羅蘭，身高近一百八十公分，喜歡運動。所以雖然學校裡有黑人，但只要上課鈴響，我們就完全見不到他們了，頂多是在中高級與高級班一起參加的集會上，或是一起上音樂或藝術課時才會偶爾見到羅蘭。

我們班上有個叫莎莉的女孩，她是個獨生女，她跟我們解釋說這是因為她媽媽很怕再生產。史蒂芬妮覺得這很難理解，因為她那一百五十公分高的媽媽是進過產房十次的老手，從來沒有對生孩子表示過任何恐懼。「不，不是那個原因。」莎莉說。「是因為你永遠不知道你的曾祖父或很久以前的哪個誰，是不是跟黑人生過小孩，你很可能因為他們而生出一個半黑人孩子（part-Negro baby）。」

莎莉這番話讓我跟史蒂芬妮非常震驚，她後來還說她以後也不會生小孩，這讓她媽媽鬆了一口氣。史蒂芬妮和我不認同莎莉和她媽媽的想法，黑人有什麼大不了的？我們試著找出答案。我告訴她，我們從加州搬到佛羅里達，開車經過阿拉巴馬州的塞爾瑪，街上有幾百個黑人，也有些白人，他們都想修改法律，讓黑人擁有選舉權。我問媽媽為什麼黑人不能投票，她告訴我許多白人認為黑人不該享有同等待遇，因為他們的膚色是黑的。

史蒂芬妮和我發現，莎莉和她媽媽這種人認為黑人不是真正的人，除非他們與眾不同，比如羅蘭，很多同學都說羅蘭會成為足球明星。我們聽說黑人必須使用另外的飲水機與廁所；我們看到人們（而且是成年人）會在公共場合公開敵視黑人。更常見的情況是，白人會忽視黑人的存在，對他們視而不見。我們倆是來自西部與中西部的金髮白人女孩，對南方很陌生。但我們知道事實應該是怎樣，在我們心底也知道我們是對的。

事情發生的那天早上，我們正在執行路隊導護，也就是要戴上白色警察帽，揮舞著橘色的旗子，讓小朋友們安全過馬路。我對這份工作太過認真，這是真的，我肩負著保護幼小兒童安全通過馬路的責任，有時我會讓他們站在路邊等非常久，直到完全看不見任何來車，才把他們引導到人行道上那個寬寬的白線上。我這個問題有一部分是史蒂芬妮的錯，這也是真的：那個天使女孩的影像在我的腦中揮之不去，我彷彿預見了天使降臨時，他們的父母兄弟姐妹會感受到的痛苦。最後，校方不得不跟我談談我這份過度盡責的態度（他們的說法就是這樣）。也許綁架案的發生讓他們變得更謹慎了。

那天早上，我們看到一個男人開著轎車慢慢經過我們身邊。這並不奇怪，因為車子經過學校時本來就該減速。但我們目睹了一件不可思議的事情：那輛車的副駕駛座位上是一個黑人。見到一個白人開車載著一個黑人已經很不尋常，更糟糕的是，黑人的頭向後靠在椅背上，就像睡著或失去了意識，甚至像是被謀殺。史蒂芬妮和我記下了車牌號碼。

我們簡要地討論了各種可能性，很快得出了結論，這是暴力案件。顯然是白人綁架了黑人，如果還不算太晚——如果他還沒死的話——我們可以救他。等到第一聲鈴響（表示我們的值勤時間結束），我們跑到校長辦公室，激動到差點喘不過氣。我們報告了這起犯罪行為，給出車牌號碼和車輛描述。校長謝謝我們，讓我們返回教室，此後我們再也沒有聽到關於此事的任何消息。

綁架正是我最害怕的事，我所有的惡夢都是關於一個黑衣男子試圖綁架我媽媽、我弟弟、妹妹與我。有次，我夢見一個綁匪在百貨公司裡不停跟蹤我們。夢裡，我必須拯救大家，大人們要不是沒有意識到危險，就是不知該怎麼做，所以我必須想出逃跑計劃與路線，我必須比那個壞人預想得更周到。如果爸爸在那兒，他就會救我們，但他從沒有出現在這些夢中，所以總是必須靠我。

關於陌生人，媽媽給過我們一些很尋常的警告，她並沒有過度渲染，然而我卻有種無法解釋的恐懼。綁匪的麻煩之處在於，你很難看出他們和普通人有什麼不同。事實上，他們就是假扮成普通人，引誘孩子們坐上黑色轎車，通常還會給他們糖果吃。他們得到孩子後會對他們做什麼？把他們帶到空地上，然後，誰知道呢？我不想知道，我不想當天使。

史蒂芬妮家那個郊區距離我們家所在的莊園公寓約有一．二公里。下午我走路過去，我們做了些很平常的事：聊天、唱歌、側手翻、聽唱片。就在晚飯前，我啟程回家，但我在車道上過彎後，竟然就看到了快速公路，我完全迷失方向，走錯方向，離家愈來愈遠。當時日幕低垂，一股恐慌從胃衝上喉嚨，我穿過馬路走到對面的加油站。那時我的眼淚已經快要奪眶而出，我問那個幫忙加油的青少年可不可以讓我用一下電話。

「你有十美分嗎？」他問道。

「沒有。」我顫抖地說。

「那抱歉。」

叮叮——一輛車停在加油機旁，然後他就走開了。我回到公路，一邊走一邊嚎啕大哭，因為天愈來愈黑了。然後可怕的事情發生了，一輛車駛離了公路，靠近我身邊。這就是我生命的終點了，我知道。一輛白色休旅車停了下來，一個女人搖下車窗。

「你迷路了嗎？」她問，語氣不算友善，但也不是很凶。

我點點頭，說不出話。

「上車，」她說。「我帶你回家。」

我變得歇斯底里，拚命搖頭。

「上車。」她又說了一次，有點不耐煩。

「我不可以搭陌生人的車。」我結結巴巴地說，一面後退遠離她和她的車。

最後她下車，抓住我的手臂，把我帶進她車裡，並且讓我坐在前排副駕駛座上。黑人和天使一直縈繞在我的心頭，他們臨死前也是這樣的感覺嗎？

「你看，」她說：「我不是要綁架你。看看後座，我的車裡裝滿了日常用品。我是一個媽媽，有兩個小孩，其中一個和你差不多大。」

我想到綁架犯都會假裝他們只是想要幫助你的好人。這使我的情緒更加崩潰。

「我帶你回家。」她說。

她確實帶我回家了，我一整路都在哭，甚至在她問我住哪兒時，護送我走到我們公寓的門口時，敲門並對我媽媽說「嗯，你真的把她教得很好」時，我都沒停止哭泣。

這句話既是讚美也是批評。我媽媽能說什麼呢？我向她講述我的旅程，一面啜泣，一面告訴她黃昏怎麼驟然變成了黑夜，加油站的男孩，以及女人車裡的日用品。我把能說的話都告訴了媽媽，就是沒提天使、黑人以及我想像裡的空地。

翌日，厄克爾因預約看診而去了東側設施。他回來時帶了一個消息，說在國家緊急狀態下——比如九一一（我們現在都這麼稱呼它）——獄友們可能會被處死。

「你從哪裡聽來的？」我問他。

「教育中心那邊有個人這麼說。」他說：「他說，他們在看雙子星大樓倒塌的畫面時，老師就這麼告訴全班同學。」教育中心的課程包括第二語言英文、成人基礎教育、同等學力證明（GED）課程，還有我朋友愛蜜麗帶的二十一歲以下課程。

「那不是真的。」我告訴厄克爾。一個老師怎麼能向全班宣布這種事情？我不知道在國家緊急狀態下的囚犯應急計劃是什麼，但我很確定其中絕對沒有大規模處決。然而，我也不能完全肯定。像我這樣的非監管工作人員永遠不會得知這種偶發事件。

「他們應該提前釋放我們，讓我們去戰鬥。」厄克爾說。

「跟誰戰鬥？」我問他：「我們不是在戰爭。」

「還沒而已。」他回答。

傳教士的愛國心也被激起，他開始畫世貿中心遺址的消防員。接下來數週，在我的詩歌課以及我增開的音樂和藝術課上，都會不斷聽到獄友們在談論他們多希望能夠為自己的國家而戰。

當然，厄克爾是對的。九一一發生後不到一個月，戰爭開始了。

公告來自監獄工作人員，在詩歌工作坊上課時降臨。沒有言語，只有口哨——令人煩惱的警示笛聲。官員們也有他們自己的隱喻和獨特的監獄幽默感。他們只是在告知我們，美國已經在阿富汗投下了第一枚炸彈。

在監獄裡，我們對戰爭並不陌生，每天都有人被壓制、上銬、帶走。分裂，在我們內心深處就像倍數增長的俄羅斯娃娃。在這裡，北方派和南方派是敵對族群，性犯罪者必須防衛自己，而每個人都討厭抓耙子。

「我們」總在對抗「他們」：囚犯和工作人員，軍官和平民，男人和女人，行政部門和現場人員。有時人們會越界：老師比打手小隊還刻薄，獄友的行為卻像員警。我們必須謹慎照顧自己，夜幕來臨前，我們這些能離開的人可以把戰爭留在圍牆之內。而現在，它又在這個血腥的世界裡重獲自由了。

---

01 美國廣播記者與主持人，曾獲皮博迪獎（George Foster Peabody awards），是美國全國公共廣播電台（National Public Radio，NPR）名人堂成員。

02 《真善美》的主題曲。

03 十九世紀美國小說家，其最知名作品即《小婦人》，小說是以奧爾柯特自己的童年經歷為基礎創作的，於一八六八年出版。

VII. Milk and Cookies

第七章

牛奶與餅乾

在這個鋼鐵城市工作的兩年裡，我發現這裡有一種病，一種憤世嫉俗的態度，像霧般到處籠罩。我的職責包括肯定學生的人性，但在這麼做的同時又絕不能流露一絲溫柔或軟弱。懲教部門的官員把教育中心課程和藝術矯正這類的專案稱為「擁抱暴徒」（hug-a-thug），他們覺得罪犯不值得享用這些專案，我們應該關心的是受害者而非這些人。

藝術矯正可能是監獄裡最受鄙視的項目。外面學校的藝術專案刪減了不少，官員的孩子沒有藝術、音樂、戲劇課程可上，囚犯卻在使用這些文化資本。媒體對此專案及參與獄友的關注則讓事態雪上加霜。報紙和廣播的報導不該關注地球上的敗類，應該根據不同結盟陣營，進一步去關注本州正在經受最嚴酷挑戰的官員們。

有些日子裡，仇恨何其巨大，我幾乎像親眼看到了仇恨的浪潮，可以感覺到它們碰觸到我的後頸，在我耳邊低語、催促我趕緊消失。它是放射性的，收音機呱啦呱啦的聲音持續發揚著憎惡。

而教育部門官員則是另一種人，我覺得我們站在同一立場上——導正，而非懲罰。一個春光明媚的早晨，在我打開門鎖準備進入大樓前，我向托克森警官和蘇尼加警官揮了揮手。我的職員跟在我後面，我們到主教室的桌子旁坐下，開了一個簡短的會議。我們一直在排練「途中的詩歌」（Poetry on the Road）——一場巡迴詩歌演出，將在教育大樓的各教室演出。詩歌課裡的一些學生將背誦自己的作品，另一些則會選擇知名詩人的作品。

「當地的電台會來採訪『途中的詩歌』。」我告訴我的職員，就連厄克爾的眼睛都亮了起來。他沒上詩歌課，但這是個大新聞。如果藝術矯正是黑暗中的燈塔，這可是照亮其他獄友生命的完美方式。教育中心的許多學生都聽過饒舌歌曲，但可能沒聽過一首背景沒有搭配音樂的詩。而且我敢肯定，當地的廣播聽眾聽了這些詩後，一定會被它們的優美與深度嚇一跳。

「好了，我們開始工作吧。」我說，然後開始打開門和櫥櫃鎖。我才剛開啟電腦室的門，燈塔就暗了下來——我發現兩台機器不見了。我心跳加速，趕快打開電腦櫃清點存貨，但似乎沒有其他東西遺失，只有電腦不見了。然後我看到一張紙條，上面寫著電腦在東側設施進行檢查。

我打電話給我的新主管，社區資源經理茹絲。我在此已經兩年，特別感激有這樣一位導師，她在教育中心的經驗豐富，知道這些獄友專案的價值。幾分鐘後她回電給我，語帶同情說：「你正在被他們調查。」

「什麼？」

「那個電腦男覺得你的獄友比你更了解你的系統，所以讓打手小隊把電腦拿走了。」

她指的是調查服務部門——獄友和工作人員都稱他們為「打手小隊」（the Goon Squad），簡稱「打手」（Goonies）。那個單位的電腦部門要保留電腦，直到他們確定是否發生了任何不當行為。獄友濫用電腦通常都需要連線到網路，我們大樓沒有網路。但在過去也有獄友設法將電腦連接上網。這一定就是那個電腦男擔心的事，他認為比我聰明的厄克爾正設法以某種方式讓我們的繪圖設計電腦接上外網。

我馬上開始懷疑自己，想當然耳，必定有醜聞和懲罰在等著我。也許厄克爾看過我輸入密碼，也許我不夠謹慎。最近某個影片剪輯軟體當掉時，我沒有等電腦工程師來西側設施替我處理，而是輸入了密碼，讓厄克爾重新安裝一個無效的程式。

「猴群在管理動物園。」當權者失去控制時，我爸爸就會這樣說。通常都是對媽媽說，在我們這群孩子玩得太野時。有時他談起工地的建築工人時也會這麼說。我不想因為失去控制而感到內疚，我當然知道在某個平行宇宙裡，厄克爾夢想著取代我的位置，但我可不希望由獄友來管理藝術矯正課程。

午餐時我跟愛蜜麗碰頭，我們和她的朋友——也成為我新朋友的教育部門主管麗莎——一起走到東側設施。麗莎是個嬌小、紅髮、面帶雀斑的女士，是從紐約調過來的。她是個熱心慷慨的人，對自己的政治觀點直言不諱，對我們工作場所的評價也很嚴苛。她最喜歡給別人貼的標籤就是「白癡」，且她常常使用這標籤，完全不考慮她正在談論的工作人員級別。

我和麗莎在一起時感覺就像我們是《末路狂花》（*Thelma & Louise*）01裡的塞爾瑪和路易絲，準備做些激進的事。

「我正接受調查。」我坦白說。

「噢，親愛的，這真遺憾。」麗莎說，一面揉著我的手臂。

我虛弱地微笑。我到底在這兒做什麼？這裡不適合我這樣的女人，一個曾經非常書卷氣、生性敏感的女孩子。

類似烏鴉的嘰嘰喳喳和尖厲叫聲，從打開的窗戶傳進我房間。孩子們在院子裡玩耍，我聽到他們的聲音，但他們用的語言似乎失去了意義。我真正聽到的是貝絲正在彈奏的柔和鋼琴曲，聽到喬、瑪格與艾美的歡聲笑語，聽著他們讚美隔壁鄰居勞倫斯家的勞里，還有他那富有的爺爺，這架鋼琴就是他送給柔弱的貝絲的。我哭是因為我以前讀過《小婦人》，我知道貝絲會死，勞里愛上的是艾美而不是喬，瑪格則會離家跑去結婚。

媽媽從旁邊經過，把頭探進房間：「還在看書嗎？」

「嗯。」我回答。有時我會獨自待在我跟妹妹們同住的房間，帶著蘋果或餅乾，再加一本書，爬到上鋪，隨後整個人陷進去。我會去維多利亞時代的新英格蘭、南北戰爭時期的南方、俄羅斯、法國，然後我就會待在那兒，甚至連光線偷偷溜走或黃昏偷偷溜進來我都渾然不覺。這種情況發生時，媽媽就會打開燈，要我別在黑暗中看書。

「我沒留意到。」我說。

如果我們的公寓著火了，比方說布萊德在玩火柴之類的，只要我確定所有人都安全了（包括爸爸、媽媽，邦妮、泰麗、布萊德，還有我們的狗狗約瑟芬、倉鼠亨利），而我只能拿取一樣東西，我會拿什麼呢？就是《小婦人》這本書，未刪節版，綠色花草紋飾布面精裝本。這是媽媽的表姊裘蒂送我的禮物。我們去麻薩諸塞州拜訪媽媽的家人時帶回來的。因為它很老舊了，所以有種特別的魔力，在裘蒂還年幼時它就在了。而且它來自麻薩諸塞州，那正是作者露意莎．梅．奧爾科特曾生活並寫作的地方！我一碰到這本書就會對蘊藏其中的歷史感到興奮。

但如果我有時間，我也會去拿那本黃色平裝的刪節版《小婦人》，因為封面上喬、瑪格、貝絲和艾美的模樣就跟我的想像一樣。而且她們看起來有點像我們，我驚訝地發現，馬奇家的女孩們與我和妹妹們居然是這麼雷同的。邦妮就是瑪格，一個喜愛奢華的姊姊，總是想買家裡買不起的東西。泰麗是艾美，很漂亮，有些被寵壞了，因為她是么女。

她們倆身上都有一點貝絲的影子，邦妮心地善良，她的名字就是善良的意思[02]！而且她喜歡動物，這就是我們為什麼會有兩隻倉鼠——赫爾曼和亨利，赫爾曼被布萊德壓死了，是他在大廳追逐牠時不小心發生的意外。而且她特別能夠掌握爸爸愛狗這項弱點，所以我們家總會有一隻狗。泰麗也很像貝絲，脆弱、敏感，幾乎有些空靈。至於我，我是喬，狂野的那個，寫作、獨立的那個，雖然在我的想像中我看起來更像艾美。

此外我還會拿外婆諾妮寫給我的詩。一開始是我寫了一封信給她，告訴她我們很快就要搬回加州，然後我正在寫一本故事書，並隨信附上我寫的新詩〈找到家的鳥〉（A Bird Finds a Home），開頭是這樣的：「**在羅馬的廢墟／一隻鳥找到了一個家／在阿芙蘿黛蒂的棕櫚樹上／俯瞰阿波羅雕像／趾高氣昂。**」這是一首悲傷的詩，因為這鳥斷了一隻腳，最後凍死了，這使阿芙蘿黛蒂哭泣，儘管她只是一尊雕像，而雕像本該是不會哭的。我請諾妮切實給予它評論，因為她也寫詩，且她很善於評論。

我收到的回信是這樣的：

我無法告訴你
我有多高興
收到你美好的信

以及所有消息，因為

我們誠摯地想念你們
現在很高興聽到
很快你們就可以收拾行李
並在今年回到我們身邊。

我真心希望自己有機會
（並將竭盡所能）
去讀你寫的故事
想想——屬於你自己的書呢

我敢說它一定很好——你寫得很好
我們都為你感到驕傲

如此聰明簡直就是了不起
做什麼都出類拔萃

你的詩很美也聰明
我必須承認這一點
寫詩是一種時尚
是我最喜歡的。

所以黛比，親愛的——多虧了你
感謝你讓我的一天充滿陽光
我也喜歡詩和圖畫
現在我不得不說
暫別了，記得替我

向邦妮、泰麗和布萊德打聲招呼
當然，絕對別忘了，
你們了不起的爸爸、媽媽。

諾妮喜歡我的詩，所以它一定很好。她把我當成一個作家，這就是為什麼她寄給我屬於我的信套組，每一張上面都刻著「黛比的每日記事」。這是我最喜歡的生日禮物，我真的很像喬，連諾妮也這麼想。

我鍾愛《小婦人》，不僅是因為我能在裡面看到我的家人。讀這本書前，我根本不知道有這樣的故事：有人寫了關於女孩們和她們成長家庭的故事。它引起我極大的興趣，所以媽媽帶我去圖書館，找露意莎．梅．奧爾科特的所有著作。我讀完她寫的每本書後再接著讀她的生平故事，非常類似她在《小婦人》中描述的生活。然後我又繼續讀其他人的生平故事，像是克萊拉．巴頓（Clara Barton），創立美國紅十字會的勇敢護士；安娜．巴甫洛娃（Anna Pavlova），俄羅斯皇家芭蕾舞團首席女演員；瑪麗．居禮（Marie Curie），她發現了鐳。

傳記《去跳舞，去夢想》（*To Dance, To Dream*）記載了安娜・巴甫洛娃的生平。我夢想我的生活，我想像她們一樣，我想做世界上重要的事，我想要勇敢、堅強並獨立。我不斷夢想著。

除了把電腦搬去測試檢查以外，我不確定所謂的調查還包括什麼。他們會找人面談嗎？找獄友？我試著不去煩惱。厄克爾四處遊蕩，因為他的玩具——或該說是工具——被拿走了。但今天是「途中的詩歌」演出，我們的詩人聚集在藝術矯正大樓，他們大多穿著剛熨好的藍襯衫，整齊地塞進褲子裡。我拿起流程表，請他們先出去，然後把門鎖上。

詩人們到三個教室裡表演，在聶魯達的河流上乘坐懷舊的小船，乘坐黑人自尊的小船，乘坐失落與渴望的船。有些詩人使其他獄友發噱，有些讓老師們停下手邊的工作抬起頭來。我們經過附有金屬探測器的警衛室，這是獄友每天都要通過的地方。

「那我們呢？如果我們也想聽詩呢？」托克森警官問。

詩人們因為要演出而情緒高昂，他們有些焦慮地互相對望，然後後退。慢慢地，他們在警衛室旁圍成一個半圓圈，輪到自己了就邁步向前站出來念詩。新來的學生趴在地上，做出輕蔑哼著鼻子的模樣，然後像個職業拳手般優雅流暢地揮拳，背誦出切．格瓦拉（Che Guevara）的名句：「別以為他們拿禮物裝飾品過來就能讓我們顫抖。我們要來福槍、子彈、棍棒，僅此而已。」蘇尼加警官聽著揚起了眉毛。

當另一位詩人念著詩，告誡警官不要「馴然遁入那良宵」（go gentle into that good night）[03]時，寂靜籠罩了夜，那個瞬間，所有監獄的事務——獄友們的吼叫、咆哮的命令、手銬槍械、監獄對講機等等——全都隱退到守衛和詩人的沉默中，他們從來沒有這樣彼此交談並聆聽彼此。生硬地道完謝，詩人們轉身準備離開，因為結束而鬆了口氣。

「等等。」托克森警官說。他彎腰去拿一口大箱子，並邀請每位詩人拿一盒牛奶與一塊餅乾。我們的戰士回想起他剛剛背誦的名言，喊道：「我不要牛奶和餅乾！我不是他們的婊子！」

其他詩人把他拉到一旁，叫他趕緊吃。後來他給自己取名「大壞蛋詩人」，在院子裡散步時會重述自己的話，帶他的聽眾去他內心的原始荒野。但現在，在裝了金屬探測器的小空間裡，他咬著一口餅乾，像是某種不安的聖餐儀式，警衛們只是靜靜看他吃著。

01 上映於一九九一年的經典女性主義公路電影，由雷利．史考特執導。

02 Bonnie 有甜美、漂亮、優雅而善良之意。

03 出自英國詩人狄蘭．托馬斯（Dylan Thomas）的知名詩作〈不要馴然遁入那良宵〉。

VIII. Lockdown

第八章

禁閉

有天早上，我在東側設施警衛辦公室附近碰到亞歷杭德羅。自從他從西側被帶走送到此處迄今已近兩年。他告訴我他會被遣返墨西哥，在他還是嬰兒的時候，他母親把他帶來美國，所以他是非法移民。我看著他，眼裡充滿憂慮。他在墨西哥什麼人都不認識，也不會說那邊的語言，他會怎樣呢？「我不會有事的，」他說，並補充道：「真希望我能抱抱你。」

「我也是。」我說。我想給他一個母親式的擁抱，用一個傳遞希望、勇氣與信念的擁抱將他包裹起來。如果當初我知道他遭遇的全部經過，我早就擁抱他了。但因為我們此刻在警衛值班室外的廊道上，如果我擁抱他就會發生兩件事：他可能會被粗暴地逮住、戴上手銬，然後讓人押送進洞裡。而我可能會因為「過度親密」而被送出監獄——就是由獄警陪伴著，以恥辱的示眾方式走出監獄，這是監獄老師以及如我這類工作人員不斷被告誡一定要提防的違規行為（有時甚至構成犯罪行為，取決於你的舉動到底有多親密）。

我沒有擁抱亞歷杭德羅，反而是退後了一步。「繼續寫作，」我說：「答應我你會繼續寫下去。」

回到西側辦公室後，我打電話給愛蜜麗，告訴她我看到了亞歷杭德羅。「你要過來吃午飯嗎？」我問她。她通常都會過來，我們在午餐休息時間一起吃東西，談論寫作、藝術、獄政與真實世界的政治。這段時間正是獄友吃飯的時間，我們可以跟一群老師在教育大樓休息室裡吃飯，但我們寧願在我的藝術矯正辦公室裡吃，周圍是獄友的藝術作品和書籍，望向窗外可看見蜂鳥經常出沒於懸星花藤上的景象。

我才剛掛上電話，我的主管茹絲就打電話來，告訴我調查結束，電腦馬上就會送回來了。他們（打手小隊和電腦男）並未發現我這一方有什麼嚴重過失。我讓厄克爾在沒有電腦人員監督的情況下，用磁片重新安裝了一個壞掉的軟體，這是違規行為，但他們沒有發現色情內容，沒有網路活動，也沒有對程式進行任何修改的痕跡，所以猴群根本沒有管理過動物園。我們會及時把電腦取回，製作一部關於禁菸政策的影片，這影片很快會在監獄造成轟動，並造成難以言喻的災難。

幾週前，我聽到監獄小道消息，說替電腦男工作的獄友們被送進洞裡了。那些人是在沙加緬度的團隊進行審查後被送進去的。監獄裡每個部門每年都要接受審查，而這次審查發現電腦男的獄友們是唯一能上網的員工，他們下載了色情片，且不知怎麼進入了我們員工的薪資系統，所以他們全都被押送入洞裡。我敢肯定電腦男一定不會有麻煩的，因為如果沒有他，監獄該怎麼運作？包括典獄長在內，他可能是唯一無法立刻就被替換的員工。

我在面試一個新的創意寫作職員。到目前為止，我已經工作了兩年多，藝術矯正獲得了若干聲望，許多獄友都來申請工作機會，是為了薪水，但也是因為這裡的氛圍好。就連副典獄長羅賓遜先生也說，當他走進這座建築時就注意到一種精神性的力量。是的，藝術矯正是黑暗汪洋中的燈塔。

剃刀——我詩歌課的學生——也想來為我工作。他是《紐約客》雜誌的訂戶、會把自己喜歡的詩背起來，但他遍身散發一種剽悍風格，會隨著脈搏從他那工人般粗壯的膚表滲透出來，甚至嚇到其他獄友。

有天早上，剃刀來藝術矯正大樓參加工作面試。教室的布告欄上掛著他在「創意一〇一」課程作業中寫的一句話。我剛來教課的時候，剃刀就選修了，而且從那以後，他一直持續上詩歌課。

當時，我對學生的提問是：「我對藝術有什麼要求？」剃刀寫道：「我要求自己多看新的東西，學習一些超凡、卓越、壯麗，甚至莊嚴，且主要是關於自己的東西。而且我熱切地，近乎絕望地想從我內心深處找到某種獨特、異樣、聰明的東西，一種必須，必須從靈魂裡滲透出來的東西，一種因為過度絕望而黯然無光的東西；我想去看，去理解一種光，一種照明，一種解釋，它經常是一種無聲的（無光的）悲哀窘境，我們都自願成為這一鍋魚的一部分，一般被稱為人類處境。」

他大聲念給全班同學聽後，我讚嘆：「哇，這是詩。」

當剃刀寫「過度絕望而黯然無光」（dank by dint of despair too much）時，我知道他指的是埃特里奇·奈特（Etheridge Knight），我在課堂裡介紹過他的詩。奈特是一位著名黑人詩人，一九六〇年因搶劫（為了吸毒）被判有罪，隨後在印第安那州監獄開始寫作。我把奈特的詩〈來自不同人的不同抗議〉（Various Protestations from Various People）帶進班上。詩的開始是這樣：「**艾斯特說我喝太多／媽媽說禱告不要想太多／我的心理醫生說我感覺太多／條子說我偷了太多……**」我特別欣賞這個選擇。剃刀看起來或許像個典型鄉巴佬，一個長途卡車司機，來這裡之前他很可能都戴著牛仔帽；但他對於文字、對於詩的熱情卻超越了種族，這在監獄裡可是一件大事。

剃刀的職業工作收入是每月五十美元，但他卻願意減少收入，只為了讀詩、管理藝術部門，並記住他在這裡能找到的任何美好事物。如果我招聘創意寫作職員的唯一標準是對詩的熱愛，那我一定當場聘用他，而且我喜歡他這個人。

但實際情況比這更複雜多了。

剃刀走後，厄克爾搖了搖頭，像個訓誡別人的長者，雖然他比我小了十歲。厄克爾告訴我剃刀其實一直處於憤怒的情緒，因為他還有十年刑期。「克服它！」厄克爾鼓勵道，接著加了一句：「其實剃刀已經很幸運。幹出那樣的事，現在這樣已經夠便宜他了。」

「他幹了什麼？」我問。

「雙重謀殺。他開槍打死了自己的太太，然後坐上卡車開了三百英里，再開槍射殺了她男友。」

在我的家族裡，這件事相當於全世界都能聽到的槍聲。那是我們搬到佛羅里達前的聖誕夜。當時爺爺穿了一套聖誕老人裝，幾十個孩子輪流坐上他的腿，在麋鹿酒館分發禮物是同一個聖誕夜嗎？

當聖誕老人問「你過得好嗎？想要聖誕老人給你什麼禮物？」時，有多少孩子感覺到聖誕老人正在撫摸她們的私處？

也許他只對他的孫女們這麼做。

他對我、邦妮和泰麗都做過，那很痛。

他把我們抱到他的大腿上，粗暴地摩擦我們，而且不只是在聖誕節。我忍住了，因為我想讓他最喜歡我。妹妹們不在乎他喜不喜歡她們，她們都避開他。邦妮把坐上爺爺的腿時他幹出的事告訴媽媽，媽媽聽完後告訴我們：「不準坐在爺爺腿上，也別告訴你爸爸。」

我們要避開爺爺，而且不談論他的所作所為，就跟媽媽小時候遇到類似事情時得到的建議一樣，那時有個坐輪椅的男人想讓她坐在自己腿上，這樣他就可以愛撫她。

後來我才明白，她不希望我們告訴爸爸是她擔心爸爸會殺了爺爺。就算沒有殺他也會狠狠傷害他。在當時，這類事情在家庭中還是可以接受的，撫弄親戚並不犯法。也就是說，爺爺不會因為性侵孫女進監獄，但爸爸可能會因為傷害或謀殺父親入獄。

此事發生時，我們還跟爺爺、奶奶同住在蘭開斯特的熱那亞街。那陣子，奶奶發現我半夜穿著睡衣在廚房裡。她因關節炎引起的疼痛，晚上總睡不好，所以會起身走動。她半透明的皮膚和紅銅色的頭髮在廚房夜燈的反射下閃閃發亮。「你在做什麼？」她問，然後意識到我又夢遊。我完全清醒了，無言且困惑，因為我不知怎地居然爬上了廚房流理檯，還抓住了窗簾。至少我沒有像上次那樣跳到床上把妹妹們都吵醒。奶奶把我帶回床上，輕輕替我蓋上被子。

這段時間，我只覺得：爺爺可以做任何他想做的事，因為他是爺爺。爺爺極富魅力也很風趣，但他也有卑鄙的一面。最出名的就是他的烹飪與派對，他會提供朋友大量的食物和酒。爺爺喝啤酒，但廚房櫃檯上總有一瓶英人牌琴酒，冰箱裡總有半打舒味思通寧汽水。

在家裡他就是國王，他擁有所有的東西和人，尤其是女孩和女人，就連跟他只有姻親關係、沒有血緣關係的女人也包括在內。

我們家有一條斷層線，是外來移民文化的衝突。我的外婆諾妮出生在瑞典，一九一二年來美國，當時她三歲，叫瑪塔。那一邊的家族人人都有像瑪哈、席妮和達格瑪這類美妙的異國名字。基於某種原因，外婆長大後把自己的名字改成瑪莎。

爸爸的祖父母比瑞典這邊的親戚早了五年從波希米亞來到美國。爸爸稱媽媽的家庭為「母權制」。諾妮的母親——大諾妮——和她的姐妹及她們的丈夫，加上她自己的丈夫和兩個孩子一起移民，他們都在波士頓附近定居。大諾妮的丈夫在造船廠工作，沒多久他們就買得起一間大房子。他們自己種植蔬菜，養雞、豬和山羊。家裡顯然是大諾妮在發號施令，但是以一種優雅而低調的方式。

我們從未見過大諾妮，沒見過她的姐妹和她們的家人，因為他們住東岸。一九五三年，也就是我爸媽相遇的前一年，媽媽和諾妮搬到加州。所以我們並沒有親眼見到女性當家的模樣，但它存在於我們的DNA中。我很早就從媽媽身上學到了一件事，那就是無禮是沒有藉口的。而波希米亞的家庭並不關心禮貌。

很長一段時間裡，我都沒有看出媽媽那安靜的力量和智慧，它被爸爸的自信和生活樂趣掩蓋了。爸爸和我是在夢想和理想的高空相遇的，而媽媽則優雅地致力於生存的實用細節。我很早就發現邦妮和泰麗是屬於母權制的，而布萊德和我則屬於父權制，是混亂粗野的東歐人。我和妹妹們不同，我不害怕那些大聲爭論政治的男人，反而被他們那些夾雜著拳打腳踢和髒話的故事所吸引。布萊德屬於那裡，因為他是個男孩，而我呢，因為我是爸爸的寶貝女兒和爺爺最喜歡的孫女。我出生時他還哭了，他說我長得像他媽媽安娜。爸爸說，他奶奶安娜會拿著掃帚追打他和唐叔叔，用捷克語咒罵著：「你們這些小鬼，你們這些死小孩！」

父權制要求大家服從男人，無論這男人是喝醉了還是清醒的，也無論他是否準備辭掉一份好差事跑去弗雷斯諾賣吸塵器，是否想用一輛很好的車子去換一輛很炫的車，男人的話就是律法。也許我自己想要那種權威，我想成為外出銷售吸塵器的人，而不是待在家裡吸灰塵的人。我想成為那個帶著外頭世界的故事返回家裡的人。

我八歲時，奶奶準備教我怎麼把床單摺出完美的直角，我告訴她我不需要知道，我說：「我不是那種類型。」所有大人都覺得很好笑，我是女孩，所以我當然是那種類型，根本沒什麼好討論的。但即使在很小的時候，我就感覺到自己有一種與媽媽、奶奶不同的命運。我與家裡的男人們是一夥的，這使我陷入了困境。在很多方面我比女性更認同他們。而他們待我如同他們之中的一員，叫我波漢，他們從不會這樣叫邦妮或泰麗，我是這個族群裡唯一被接納的女孩。

但是當我坐在爺爺的腿上，我失去了獨特性，我什麼也不是，我可以是任一個有東西可以撫弄的女孩。爺爺的暴行並不是暫時性的，它會延續幾十年，在我的親密關係中留下印記。如果所謂的愛代表可以失去自我意識，則一部分的我將永遠保持警戒。

十二月的南加州沙漠寒冷而晴朗，有時還有零星雪花飄落。無論你往何處看，眼前所見都是平坦的。媽媽的弟弟迪克叔叔和他的家人也住蘭開斯特，我們都被邀請到叔叔家吃聖誕夜甜點。戴安娜嬸嬸和家族裡的其他女人一向不太一樣，但直到那晚我才知道有多麼不同。我喜歡去他們家，我欽佩戴安娜嬸嬸，她是一名護士，上班時從頭到腳都穿白色，如果她要你做什麼，你就會去做。迪克叔叔很有趣，總愛開玩笑，我喜歡看他逗媽媽笑。迪克叔叔和戴安娜嬸嬸有兩個孩子，淇米和我弟弟年齡相仿，另一個大衛還只是個嬰兒。

甜點是一種上面滴了巧克力的蛋糕，我從沒看過這樣的東西，所以吃了好幾塊。所有的大人都很高興，喝酒、聊天、歡笑。然後突然一巴掌。戴安娜嬸嬸打了爺爺一巴掌，罵他是個骯髒的老頭。客廳天花板上掛著一條紅絲帶，上頭綁了槲寄生。他們就站在槲寄生下。後來我聽到有人說：「他對她伸舌頭。」我不知道那是什麼意思，但我知道爺爺做了些他應該受到懲罰的事。我不能打他，因為我只是小孩，只有大人才能這麼做，但沒人夠勇敢——除了戴安娜嬸嬸。

那一巴掌後，一切都變了。那一瞬間沒有人動，就像電影裡的定格畫面。我站在那兒傻住了，那年稍早我讀了《小婦人》時才意識到，噢，你可以這麼做，你可以寫女孩的事。但現在是，噢，你可以這麼做，你可以打侵犯你的男人一巴掌。

突然，咒語解除，大人們又開始移動。派對結束，我們離開了。

戴安娜嬸嬸打了爺爺一巴掌後，各種對她的懷疑變成了數落、譴責，最後還有定罪。首先，她的工作一定有問題，那不只是一份工作，而是一份事業，而且她不斷得到升遷，從護士到護士長，再到有認證的精神科護理師。此外，他們家竟是迪克叔叔在替孩子們做早餐和午餐。迪克叔叔在空軍基地上白天班，戴安娜嬸嬸必須輪班，所以這是合理的事，但它不是自然的事。當然人人都知道在那個家裡由誰掌權，他們說迪克叔叔被女人騎在頭上，男人們說他們為迪克叔叔感到難過。

戴安娜嬸嬸也對催眠、瑜伽和靜心冥想這類的事感興趣。更糟糕的是她和一個名叫朵拉（穿著寬鬆長袍的大塊頭女人）走得很近。男人們傳聞著嬸嬸奇怪的癖好、她與家庭外的另一女人有著詭異的來往、她缺乏母性本能、她的賺錢能力、她的野心，全是不利於她的證據。她打了爺爺一巴掌後，男人們就認定她是個女同性戀。而女性則全部保持沉默。

不久之後我就明白了，戴安娜嬸嬸也不是「那種類型」。她不會像爸爸形容工作裡的懦夫那樣只會「跟著計劃走」。而且她為什麼要照做呢？雖然她是個護士，但我也懷疑她是否會把床單摺出完美直角，說不定是迪克叔叔鋪的床呢。就算是他在鋪床，那又何錯之有呢？戴安娜嬸嬸成了我的英雄，她不會躲著爺爺一聲不吭，她是「一巴掌」的作者，這個舉動讓我重新活了過來，幫助我學會發出自己的聲音。

也許我該僱用剃刀。有些老師說殺人犯是最好的職員，因為多數謀殺都是一時激動的犯罪，而非有預謀的殺戮。殺人犯不一定是過著犯罪生活的人，他可能只是犯了一個嚴重的錯。或者像剃刀的例子，犯了兩個嚴重的錯。

如果其他獄友感到有些害怕，真的有那麼糟嗎？畢竟，替我工作的獄友都知道，他們的部分工作是確保學生不會把物資帶走、不會捲入爭鬥，也不會做任何威脅到這個專案的事。剃刀很擅長這些事。

我讓職員去吃午餐，隨後就去監獄檔案辦公室看剃刀的「夾克」（jacket）。在監獄裡，「夾克」這個詞可能有如下三種含義：監獄發的丹寧外套，獄友的C檔案，或者他告訴其他獄友自己為何坐牢的故事。

我查閱剃刀的C檔案，看到了他的犯罪細節，這些罪行能讓人徹底倒盡胃口。這是正確的檔案嗎？我檢查了後面的照片加以確定。是剃刀的大頭照沒錯，比較年輕、頭髮比較多的時候。

我翻到警方的報告，一個短篇故事，員警以第三人稱的角度敘述。所有的動作都發生在剃刀被捕的緊張畫面中，其中不時穿插著一些倒敘。就像所有的悲劇一樣，過去總預示著未來。要是他父親沒碰他就好了。被抓住後，他坦白了一切。這裡沒有謀殺，而是性虐待。看著這份報告時我彷彿成了剃刀的姊姊，為父親的欺淩和收買行為感到羞恥、害怕。我的腹部緊縮，我想吐，想哭。如果剃刀是個單純的雙重殺人犯就好了。

剃刀告訴他人自己為何坐牢的故事，對其他獄友來說是值得欽佩的。「當然啊，是我也會殺了那婊子！」但事實其實悲慘得多了，他的女兒們怎麼樣了？她們並沒有死，除了心裡全心全意信任男人的那部分。

我走出檔案室，走進陽光燦爛的正午，一片死寂，放眼不見半個獄友，院子裡出奇地靜。我先打開大門門鎖，然後是大樓的鎖，最後是我的辦公室門鎖。這根本是個幽靈監獄，獄友們全都消失回到宿舍裡了。我打電話給托克森警官，他告訴我監獄封鎖了。「發生了什麼事？」我問他。

「有人看到一個穿著藍色牛仔褲和工作衫的人在高速公路上走，所以他們啟動了緊急狀況。」

好像任何穿著藍色牛仔褲和工作衫的人都是我們之中的一員。

IX. Blossom

第九章

綻放

我沒有僱用剃刀當創意寫作職員，這是一個接下來幾年我都會後悔的決定。且不論我對他所犯罪行的觀感，我很確定如果他來我這兒工作，後來專案裡發生的事情就不會發生了。相反地，我僱了達米安，一個來自紐澤西的電台主持人，獄友們叫他DJ，他在加州男子監獄裡是個小名人，雖然我從沒聽說過他，我沒有在聽那種電台。

在我跟他的面試中，他告訴我他入獄的罪名是強暴，但他並沒有做，是一個對他懷恨在心的女子指控他犯罪，他的案子經陪審團審判結果輸了。也許他想到我會查他的檔案，所以乾脆先告訴我。我在看他的C檔案時，發現裡頭全是粉絲、家人、朋友與同事的來信。

DJ矮矮胖胖的，是個牛頭犬式的男人，有張大嘴，金髮理成平頭。他很聰明，文筆也好，但我不是很喜歡他老是發表自以為是的評論。昨天，我一個詩歌課學生阿力得到了他老師的允許，跑來藝術矯正大樓跟我說話。

「我不能繼續上課了。」他告訴我。

「為什麼？你的寫作愈來愈進步，而且才剛在詩歌比賽中獲得了第三名！」

「這就是問題所在。」阿力說。他是個年輕的西班牙裔獄友，職業專案是景觀美化的工作。他熱愛自己的工作，這跟某些職業專案不同（比方說修鞋），可以讓他在外頭順利謀職。「你知道我們拿到的那些證書嗎？」

我點頭。第一名到第三名的得獎者都會得到一張寫上自己名字與詩題的證書。

「對，宿舍裡的人都嘲笑我。他們說，你力道十足地進入藝術矯正，出來時卻綻放如花。現在他們都叫我『綻放』，我不能再這樣下去。」

「聽到這消息我很難過。如果你改變主意就告訴我。」

DJ聽到了我們的談話，在阿力離開後，他說：「沒什麼大損失啦。反正他資質普普通通。」

「聽著，你現在已經不是在電台工作，」我告訴他：「我們是要讓大家在這裡感覺受歡迎，而不是要把他們趕走。還記得你媽說過『如果你狗嘴吐不出象牙，那就保持緘默』嗎？」

「我媽沒這麼說過。」

「但我媽有。你該試試。」

接下來幾週，他每天練習保持沉默一小時。我不知道這對他的幫助有多大，但對我跟其他四名職員來說，這是一種解脫。我們四人幫裡包括了薩德・哈卡馬達，繪畫班的職員。

薩德的C檔案像電話簿一樣厚，反映了他在監獄裡近三十年的生活。

薩德年輕時開始對古柯鹼上癮，為了吸毒所以偷竊。他是身材矮短的菲律賓人，頭髮灰白，說起話來柔和有禮。他同時是一位技藝精湛的藝術家，對較年輕衝動的獄友起著穩定的效果，尤其是對厄克爾和DJ。

「厄克爾真的是個很糟糕、很糟糕的人。」塔布走進我的辦公室時這樣說。我一個月前僱用塔布來當我的音樂職員，他是個苗條、禿頂的同性戀者，我不能把他送到藍色大樓，因為那裡的中尉在他提交了一份六〇二表格（獄友用來投訴監獄條件、決策或工作人員的表格）後對他相當憤怒與反感。中尉不掩藏地叫他「他媽的囚犯」，並告訴他永遠別再踏進那兒，所以他不會這麼做。

現在他坐在我的辦公桌對面調整他的金屬框眼鏡，繼而開始自白：「我真的不屬於這裡。」這不是我初次聽到這種話，當然也不會是最後一次。誰會認為自己屬於州立監獄？塔布繼續講他以前在舊金山一家高級夜店彈奏鋼琴、他的教育以及成長經歷，他母親如何像個紅娘般替這城市的精英們工作，他根本不知跟他上床那個年輕人年齡這麼小，他這樣他那樣……總之他就是不屬於這裡。

我聽著，然後在一張自黏便條紙上快速寫下幾個字，撕下來遞給他。我說：「每當這種想法進入你的腦袋，讀讀這個。」他大聲讀了出來：「然而，我在這裡。」他嘆了口氣，視線飄向我後方的某處，最後點了點頭。

塔布記住了我寫的「現在就在這裡」，他工作相當勤快，這一點從上星期藝術矯正樂團在西側舉行的畢業典禮表演上尤其看得出。他們表演了三首歌曲，分別是山塔那合唱團、凱柏莫（Keb Mo）和巴布．狄倫的歌——〈荊棘之心〉、〈更好的人〉和〈我將被釋放〉——分別代表了監獄裡三個主要種族[01]。我堅持〈我將被釋放〉這首歌要有白人、黑人和西班牙裔獄友的雙語獨唱，有很棒的薩克斯風獨奏以及所有樂隊成員合唱。這些人讓我覺得既驕傲又感動，當時我都快掉淚了。然後，塔布讓我真的哭了。

他們唱完最後一首歌後，一位老師請樂隊指揮介紹樂手們。塔布從鋼琴前起身走到麥克風前哭了起來。他哭並不是像我那樣為自己讓這群烏合之眾聽上去像個專業樂隊而感到驕傲。不，他哭是因為他被那些獲得同等學力和職業證書的同學給感動了。後來他告訴我：「我知道他們很多人在外面根本辦不到的。」

塔布畢業表演那天哭的事情被許多人取笑，尤其是DJ。「對不起，我就是很容易哭。」

他告訴他的同事。厄克爾翻了個白眼，DJ賊賊地笑著，薩德說：「嘿，沒關係啦。」

我告訴團隊職員們，他們將得到幾天的「S時間」——在員工因各種原因不能到工作地點報到的時候，監獄會給他們幾天假。而上面要我到沙加緬度與加州其他的所有藝術家／引導師一起開會。職員們看起來都很失望，他們喜歡來上班。

我聽說這次會議與預算有關。我知道狀況很糟，新聞報導充斥著加州嚴峻的財政困境，大學學費上漲，中小學的資金也被削減了。這個州已經破產，但還不至於破產到不能給獄警加薪7％的程度，在所謂的五年補償計劃中，他們的薪資將要調漲37％，這7％只是第一步。

「我很幸運還有份工作」，這是我和同事們在沙加緬度收到的訊息，我把它謹記在心。我的小兒子狄倫在莫羅灣高中完成學業，現在跟我同住。我媽媽剛從蘭開斯特的洛杉磯公共社會服務部門退休，我請她過來幫忙我。我們在海灘附近找到一間大房子，租金便宜，且時間點恰好。因為最近大兒子約瑟夫帶著他女友和他們甫出世的孩子要來我們家住上一段時間，我們家庭的規模更大了。孫子和我開始一個習慣，要以一連串的「早安」來迎接新的每一天——對天空、太陽、樹木、花卉、我們的狗搗蛋鬼，甚至對麥片和麥片碗、收音機裡的音樂……這其實是故事書《晚安，月亮》（*Goodnight Moon*）的結尾，我讀給他聽，就像以前讀給他爸爸、叔叔聽，我要讓這艘小船繼續漂浮在莫羅灣。

我們被告知藝術矯正專案不再有約聘藝術家（教導課程的藝術家）的預算了，而且立即生效。藝術矯正以前是個獨立專案，現在要變成教育部門的一部分。我們這些藝術家／引導師有兩週時間來實施一項名為「橋接」（Bridging）的新專案，這是一項獨立的讀書專案，每週隨機與五十四名獄友會面，指派作業給他們，然後把他們送回宿舍。我們負責創建課程並啟動專案，然後老師們也將繼續做「橋接」。所以我們要創建藍圖，啟動它，解決問題，隨後再讓老師們來接手。

我不知道是哪個沙加緬度的官員想出這個計劃的，但它一次完成了三件事。首先，讓獄友提早出獄，有助於緩解監獄過度擁擠的狀況，這個狀況在一九九四年通過「三振出局法」以降便日趨嚴重。三振出局法是將任何已有兩項前科的犯人（無論多輕微或多久以前）判處二十五年以上至無期徒刑的刑期。一些獄友因為商店行竊、偷自行車，甚至還有人只是偷了一塊披薩，就獲判無期徒刑。參加橋接專案的學生只要出席並完成他們的作業就可以得到「日抵學分」，跟參加正規學術和職業課程的學生一樣，每參與一天，他們的刑期就減一天。雖然橋接只是解決監獄過度擁擠的權宜之計，但至少是朝著正確方向邁出一步。

其次，它能幫助整個州的教育部門證明其存在的意義。這是一個數字遊戲，獄友透過學術、職業，從橋接專案接受的教育愈多，這個部門在監獄系統中就愈不可或缺。而第三個成就幾乎算衍生的後果，就是保住了藝術家／引導師的工作。

現在我的朋友——教育部門主管麗莎——成了我的主管。我從沙加緬度回來後，我告訴她我仍然可以帶藝術矯正專案，在西側設施裡開設課程，並舉辦一些特別活動如詩歌節、音樂會等。基本上我的工作跟過去一樣，只是沒了約聘藝術家，再加上一項橋接專案，這專案要做的文書工作比實際教導還多。失去約聘藝術家對藝術矯正來說是很大的打擊，我不得不解僱平面設計藝術家、音樂家、戲劇教師和創意作家共九人，他們每週都在東、西側設施上課。我也不得不取消來訪藝術家的合約，他們原本要從加州其他城市帶禮物來分享給獄友。今年稍早，深受讀者喜愛的作家維克多．維拉塞諾（Victor Villasenor）就來當過客座藝術家，他讀了他的書《黃金雨》（*Rain of Gold*），回答了一些問題。在藝術矯正中，要讓墨西哥獄友參與活動比較困難，因為藝術被他們視為「娘娘腔」，就像阿力遇到的情況。但維克多．維拉塞諾來的那晚，這一切都被遺忘了。在他舉行讀書會的場地擠滿了墨西哥獄友，其中許多人事後還對我表達由衷的感謝。

當然，約聘藝術家（以及大多數的客座藝術家）並不像維克多．維拉塞諾或漂流者樂團那樣出名。但他們所有人都給在此熬時間的獄友（以及他們的監督者）帶來了一種相當寶貴的貢獻，就是一種從真實世界飄進來的感覺，一種非常強大的能量，能讓監獄裡凝滯的氣氛活躍起來。但如今只剩我跟獄友了。

某種程度上說，成為教育部門的一部分是種教人不安的結合。雖然我在這裡最好的朋友是愛蜜麗和麗莎，且我和多數老師、主管的關係也很不錯，但我就像灰姑娘，我的繼姊妹、繼兄弟都有祕書替他們寫便函、影印文件、訂購用品、協調預算、管理庫存，以及打出獄友的時間表、簡短的記錄成就或紀律行動，這些我全都得自己來。我同事和我是實際上的藝術管理人員，也是引導師，同時也身兼自己的祕書。

雖然不如 CCPOA（加州懲戒和平官員協會）強勢，但老師們有個相當有力的工會。藝術家／引導師是服務業僱員國際工會的一部分，會員有數百萬人。全加州的三十位藝術家／引導師沒有受到足夠的重視，拿不到教育部門那些同行擁有的薪資增額。到我退休時，一些老師的年薪已高達十二萬美元，是藝術家／引導師的兩倍以上。

「誰說這很容易？誰說這很公平？」這是我爸爸的口頭禪。這並不容易，也不公平，但我熱愛我的工作。至少他們沒有削減我的供應預算，這表示我可以繼續購買文學作品，繼續拓展我在藝術矯正裡闢設的文學圖書館。在教育部門的圖書館裡，文學小說、短篇小說集和詩集的館藏非常不足，那個圖書館的存在只是因為法律明文指出獄友有權使用法律資源——它是個法律圖書館。

愛蜜麗在我的辦公室吃午餐，我給她看我訂的書冊清單：《活出意義來》、《老人與海》、《憤怒的葡萄》、《大街》、《百年孤寂》、《一九八四》以及華萊士．史蒂文斯、愛倫．坡、希薇亞．普拉斯、艾蜜莉．狄金森、愛倫．金斯堡、露西里．克利夫頓、伊莉莎白．碧許、聶魯達，還有葉慈的詩集。

「只有最好的，」我對愛蜜麗說：「我告訴創意寫作課的學生，『垃圾進，垃圾出』。你若想寫出好東西，就得讀好東西。順便問問，你知道教育部門的圖書館有很多丹妮爾．斯蒂爾（Danielle Steel）的小說嗎？」

「隱諱的色情作品。」她回答。「我倒是沒讀過。」

「我想也是。但那也可能是斯蒂爾的背景故事，而不僅是夢幻的性愛場面。她跟兩個有前科的人結過婚。」

「誰告訴你的啊？」愛蜜麗問。
「一個獄友。」
「你最好去 Google 看看。」
「你看這個。」我遞了一首詩給她。

院子裡的廣播

我們都有罪。

有鐵蒺藜纏在柵欄上，
提醒我們，我們不受信任。
從塔上傳來的聲音告訴我們，
如果有人願意付錢，
我們就能使用電話。

院子裡的黃昏：饒舌電台的骨牌。
我們看著外貌樸實的圖書管理員離開，
鎖上那簡陋的店門。
從一個故事流出另一個故事，
所有故事都是因為壞運氣才兜湊在一塊兒。
被體制搞砸了，
我們知道一些更糟的人，但他們規避了懲罰。
為尋求幸福，我們創造了痛苦，
向古柯鹼禱告，對安非他命稱臣。
我們剝奪了孩子的童年，
剝奪了女人的女性風情，剝奪了男人的男子氣概。
我們使自己的家族、族群蒙羞，於是他們把我們藏在這裡。
我們不過是為了自己的救贖才做了假見證。
黑暗籠罩我們。

我們被趕回自己的大樓，狹窄的床鋪，
在那裡我們懇求自由，夢想著擺脫那些取代我們姓名的數字。
我們曾認識的人、我們曾經是的人，
他們的鬼魂在我們入睡之際，在上方的空氣中顫抖，
睡眠——我們的治療，一趟返回純真的短暫旅程。

「好詩。誰寫的？」

「我，大約十年前寫的，當時我在特哈查比的監獄裡教書。昨晚我把它帶進我的詩歌課，有個學生說他已經聽過這首詩了，是他的室友寫的。」

我們都笑了起來。

「好，我會去 Google 丹妮爾．斯蒂爾。」我告訴她：「但就算那是真的，而且她是全世界獄友最喜歡的作家，我也不會買丹妮爾．斯蒂爾或任何其他言情小說到藝術矯正的圖書館裡。」

唐叔叔在我十二歲時替我寫了墓誌銘。當時我們剛從佛羅里達回來，再與爺爺、奶奶同住在蘭開斯特，他們搬到另一棟房子裡。有天我正躺在沙發上看書，唐叔叔從浴室走到餐桌旁，男人們都聚集在那裡，他從我身邊經過。

「黛比幹嘛呢？」他和善地問我。

「看書啊。」我咕噥道。

「你在讀什麼？」

「莎士比亞。」這個詞從我嘴裡吐出的瞬間，我就知道它會引爆激烈話題。

廚房跟用餐區融合在一起，餐廳又跟客廳融合在一起，就是一九六〇年代的郊區住宅風格。當我從書中抬起頭時就能看到這一場家庭戲劇的所有演員，有時甚至可以媲美莎翁的戲。

「你們聽到了嗎？」唐叔叔這麼說，雖然已經是午後，他卻還有些宿醉。「黛比在讀莎士比亞呢！」

「莎士比亞！」爺爺接著大喊。「莎士比亞！」

我偷偷覷著他們，很好奇莎士比亞會把他們帶向何方，但值此同時，我的心也在怦怦地跳著。任何事情都有可能發生，這種戲碼我已看過一百遍了，他們會從一個看似無關痛癢的話題（比如所得稅）開頭，然後以咒罵、喊叫有時甚至以打架結尾。

有時你能預見它的到來。像是若有人提到雷根州長或任何共和黨員、卡車司機工會、自由之愛、越南戰爭、女性解放運動，就表示有人想引發一場爭鬥，這時你就有時間準備了。對邦妮和泰麗來說，這就表示要盡快不引人注意地離開。對我來說這表示留下觀看，有時我會被捲入其中，就算我不確定自己在說什麼，我也會發表我的意見。布萊德必須觀看，因為總有一天他會成為其中一員，他必須學習規則。

男人和女人是多麼地不同啊。我知道女人肯定會有不同意見，尤其是一間屋子裡擠了這麼多人。但她們就算有異議也會私下處理，會在屋子後的某處，而不會在廚房餐桌上。也許這就是我被男人吸引的原因：在一場政治辯論中，我需要在廚房餐桌旁才能掄拳搥桌。

想法四處飛揚，留下了光的軌跡，我無法抗拒它。

然而這並不是我讀莎士比亞的原因。我讀他是因為露意莎・梅・奧爾科特，我想過她過的生活。我長大後會成為一名作家，會有間閣樓，剪短髮來拯救我的家人。有天我會遇到貝雅教授，我們會為男孩們開一間孤兒院，或是其他類似版本的故事。為了成為我自己，所以我必須讀莎士比亞，他是有史以來最偉大的作家，我必須確認他沒有寫過我想寫的東西。我還不知道那是什麼，也還不知道我想寫什麼，但當我看到它時我就會知道。

「莎士比亞到底是誰？」爺爺嘲笑。

爸爸是家裡唯一讀過莎士比亞的人，這次他對我很寬容。

「你差不多該開始讀點好書了。不過，在你還沒讀過海明威、史坦貝克以前，我不想聽你那可悲的觀點……」

「……我知道，還有辛克萊・路易斯（Sinclair Lewis）。」我替他說完。

然後，唐叔叔懷抱著一種哲思之忱看看邦妮和泰麗，她們正在客廳地板上玩紙牌遊戲，然後再看看我。

「總有一天，邦妮和泰麗會成為美國小姐。」他說：「而黛比……嗯，她很聰明。」

我的老天！有人大聲說出來了。我感到幻滅卻又如釋重負，我懷疑我的嬰兒肥永遠也不會消失，我的頭會一天比一天方正，就像爸爸的頭一樣（我們會在他背後偷偷叫他弗萊德・弗林史東〔Fred Flintstone〕[02]），我的眼睛會愈來愈深陷，直到完全消失。我會醜到沒有男孩願意約我出去，沒有男人會娶我。

我媽媽很漂亮，爸爸都叫她「美人兒」。他從來沒有叫過她的名字喬安，都是叫「甜心」或她的小名「邦妮」——這也是我妹妹名字的來源。媽媽有一頭深色頭髮和高顴骨。當她和爸爸出去時，她會擦口紅，在雙頰上抹胭紅。我永遠不會像她那樣漂亮。

我妹妹邦妮也很漂亮，她有一頭棕色的自然鬈，還有一張心形的臉蛋。泰麗也很漂亮，有雙大眼睛與一張噘起的小嘴，頭髮介於我的金色和邦妮的棕色之間。已經有男孩會從學校尾隨她回家了，她才小學二年級耶！

但唐叔叔的意思不只這樣。在我們家的語言中，他說的話意思是：「是的，邦妮和泰麗會長大成為正常人，但要小心黛比，她會是個麻煩。」

「她確實很聰明。」爺爺說。

「你知道她最聰明的地方是哪兒嗎？」爸爸看著我問他們。他為了做出戲劇性的效果而停頓了一下，然後用手指著我：「她那張嘴。」
「那一定是遺傳你的。」我說。
「知道我意思了吧？」他對爺爺和唐叔叔說。
爸爸這句話的意思是：「如果你很聰明，而且又是女的，那你最好乖乖閉上嘴。但我希望你不要，因為你是我的女兒。」
因此我發展出自己的聲音，避開了對美的崇拜，對神經性厭食症免疫，也不會想拔眉毛或塗指甲油。並不是說從此以後我就完全不在乎自己漂不漂亮了，我還是在乎，但我知道我的命運與妹妹們不同，我是得在書籍與演講，在擠滿了男人的房間裡站穩自己腳跟的命運。

---

01 山塔那合唱團一九六六年由墨裔吉他手卡洛斯・山塔那（Carlos Santana）成立的拉丁搖滾樂團；凱柏莫是非裔藍調音樂家；巴布・狄倫則是白人。

02 動畫《摩登原始人》（*The Flintstones*）的主角。

X. Blue Train

第十章

藍色列車

塔布假釋出獄，厄克爾也不在了。我叫他再去找一份新工作，他在這裡已經不受歡迎，不僅是對我來說，對其他職員也是如此。現在我的團隊已經非常接近夢幻團隊，至少在天賦上是如此。原本的藝術家薩德和作家DJ，再加入音樂奇才加百列和歌手金寶。

我剛僱用加百列時他就表示，在藝術矯正工作期間他要盡可能多學幾樣樂器。在四個月內，他學會了電子琴、吉他與鼓，我覺得他可能是個音樂神童。他很害羞，也很風趣，雖然年近三十，感覺卻像個過度成熟的小孩。就像亞歷杭德羅那樣，他激發了我的母性本能。所以當他告訴我他已經是個爸爸時，我很驚訝。

有天他說：「T女士，聽聽我為我的孩子們寫的歌。」

然後他演奏了一首刺耳的搖滾歌曲，歌名是「身在史努比營」（Here at Camp Snoopy）。他告訴我，當他不在女兒身邊，他不希望她們想到他是身在監獄裡，所以他為她們寫了這首歌。

金寶，體重三百磅的他也很有音樂天賦，但他是一個很難伺候的人。我和他相處已經有些問題，加上塔布還是樂團的領隊時告訴我金寶是個影后，根本就是公主病。樂團裡其他獄友對他的完美主義相當反感，威脅要退團，所以我把他趕了出去。幾週後，他回來要求我們重新接納他，他被藝術矯正吸引，就像熊被蜂蜜吸引一樣。

我告訴他，除非大家同意，否則我不會讓他再回樂團。「你有一種其他獄友不喜歡的傲慢態度。」我說。我無法想像有人會因為藝術理念差異而殺人，但根據金寶的C檔案，他就是這麼做的。當時他剛與一家大唱片公司簽約，跟一個候補歌手起了爭執，結果金寶朝他開槍。幸好那人活了下來，不然金寶這輩子都得待在監獄裡，不會有假釋的機會。

「當歌手走音了，你會表現得像他們是故意要折磨你。」

「我知道，」他舉雙手承認：「但我是專業歌手啊！」

「也許是這樣，但這裡多數的音樂家與歌手都不是專業人士。你要有耐心。」

「好啦，好啦。」

「還有，我們這裡是講究合作與包容的。你說你不願意唱〈阿拉巴馬甜蜜之家〉（Sweet Home Alabama）的和聲，因為它是一首種族主義歌曲。說這種話對你沒好處。」

「但事實就是如此。」

「如果有個白人不肯唱〈發生什麼事〉（What's Going On）和聲，用的也是這種理由呢？無論如何，你得跟樂隊做好公關，除非他們都希望你回來，否則你不能回來。」

金寶成功說服了樂隊，而我也不得不承認他的音樂技巧真是一流的。我曾對僱用他感覺不安，但他的才華打消了我的疑慮。

「基本上，你需要拿膠帶封住你那張嘴，只有唱歌的時候除外。」我告訴他，而我們都知道這是不可能的事。

「好的，黛博拉。」

「你的藝術眼光是沒有特權的。」我繼續說。「我的才有，這裡的底線是整體和諧。還有，別再直呼我的名諱！」

一次晨間會議，薩德說：「我們來演齣戲吧。」

「真正的戲劇，」DJ補充：「不要像《烏鴉》那樣，那太差了。」
「它才不差，大家都挺喜歡。」我反駁道：「你真的看過嗎？」
「沒有，但我聽說過。我的意思是，讓我們用劇本來演齣戲吧。」
加百列和金寶也相當贊同這個想法，雖然加百列說：「但我不想演。」
我告訴他：「你可以不用演出，但我們現在連它是什麼都還不知道，讓我們一起來想想呢。」

教我驚訝的是，加百列提議我們做一齣關於外星人入侵的戲。兩年多前，我們在詩歌課上討論那部後來變成《烏鴉》的戲，有人就提出過外星人的想法，但當時他並不在場。這裡的人怎麼都對外星人這麼感興趣？

我從《烏鴉》裡學到了些東西，就是在你著手做任何事以前，必須先確定你想傳遞的訊息是什麼，這樣會很有幫助。此外，在創意發想時要跟著能量走，如果一個想法突然落空，那就放下別管它了，繼續討論下一個。演出已經存在的戲劇對我沒有多大吸引力，我們要有機會創作一整齣戲，從台詞到舞台。「我們想要表達什麼？」我問我的職員團隊。

想法在房間裡飛來竄去：在十字路口，在善惡之間做出選擇。它會帶著魔幻的感覺嗎？

如何熬過這段時間。它必須有一個精神基礎。身在監獄裡，你可以是自由的嗎？我們來把獄友們弄哭吧。

我讓團隊去吃飯，一小時後回來集合時，他們還在談論這部戲與薩德宿舍裡的家庭團聚。「是一對叔侄，現在他們的關係大有進展了。」薩德說。

我很喜歡創作過程中的共時性。當年的《烏鴉》就是在我們尋思發想時，有人說起從鳥巢裡掉出的小烏鴉，然後整齣戲的概念就產生了。

「就是這個！」我叫了起來；「如果我們的主角是一對父子，他們在監獄裡是第一次見面，如何？」

一開始沒人答腔，它會就這樣落空嗎？不，從來沒人做過這樣的戲，我很確定。我想像阿基米德那樣大喊「Eureka」[01]，但我什麼也沒說。

然後 DJ 說：「對啊！因為那個爸爸進監獄時，媽媽已經懷孕了。」

「然後她從沒帶孩子來探過他，因為他是個壞榜樣。」加百列說。

「他們開始成為室友的時候，並沒有意識到彼此是父子。」我繼續補充。「他們的姓氏不一樣，因為她再婚了，或者他們本來就沒結婚。」

「對！」薩德說。球現在滾動起來了，逐漸加入主要人物的背景細節，豐富多彩的配角，以及痛苦的情節轉折。

我們決定叫這齣戲《藍色列車》，它象徵每天都有穿藍色制服的囚犯源源不斷地進入監獄。我們確定了這個概念後，這齣戲就很快就自動成形了。我讓一些詩歌課學生參與演出，他們每個人都要為自己的角色寫獨白。當然我們會有音樂，包括獄友的原創音樂，還有他們所謂的「T女士嬉皮歌單」（Ms. T’s hippie music）。

當我升上高中，我們家已搬至唐尼（Downey），它是洛杉磯眾多郊區之一。在高中，我的妹妹們找到了耶穌，而我則尋獲了性。我自學，把《開放婚姻》、《哈拉德實驗》以及《所有你一直想知道卻又不敢問的性事》當成主要資料來源。後者是我從媽媽的內衣抽屜裡偷來的，戴安娜嬸嬸給了她之後，她就一直將它藏在那兒。從這些書裡我了解到「一夫一妻制很無聊」、「多次性高潮是可能的」這兩件我早就懷疑的事實。

當時是一九七〇年，電視上談論著「自由之愛」，女人燒掉胸罩。我是在性愛革命時期成年的，但我後來才意識到這一點。幾年前，我錯過了愛情的盛夏，因為當時我還在念國中，而愛情發生在四百英里外。待到我開始上高中已經是嬉皮時代的尾聲，但無妨，對我的家人來說我就是個嬉皮，我盡自己所能讓他們有這種觀念。

邦妮是我們家品味與時尚的權威，她遺傳到諾妮的美感，而我則走我自己的風格。我和邦妮、泰麗共用一間臥室（三張床連成一排，鋪著粉紅花卉圖紋床單），裡頭反映著我們各自的不同偏好。房裡三分之二的空間都是毛茸茸的：絨毛填充玩具、啦啦隊絨球和粉紅色的東西。而在我的那三分之一，我張貼海報：一盒裝著大麻菸的萬寶路，弗蘭克·扎帕（Frank Zappa）的《兩百家汽車旅館》（*200 Motels*）電影首映式，還有一篇講稿，開頭是這樣：「我們國家的街道一片混亂，大學裡滿是叛逆學生……」

我們的臥室播放著房子的心跳。在這個房間，邦妮揮舞著旗子，她和泰麗練習歡呼：

「D-D-D-O-W, N-N-N-E-Y……」在這個房間，米克・傑格（Mick Jagger）唱著「我不能得到滿足」，弗蘭克・扎帕叫著每一種蔬菜（而蔬菜也會回應他）。也是在這個房間，布萊德陪我練習我演出的各種戲劇台詞：「精神病院？我是在精神病院長大的。老鼠？為什麼呢，弟弟吉米和我以前常跟老鼠玩，因為我們沒有玩具。」布萊德無可避免地失去了理智，開始表現得像精神病院裡的吉米，而我——安妮・蘇利文——最終在鏡子前獨自創造了奇蹟。

當我在高中成為一名「戲精」時，家裡沒人感到驚訝。我整個童年都在編劇本，我們會表演給爸爸、媽媽看，如果有其他人在那就更理想了。我改編了《小婦人》，強迫布萊德演艾美，因為我們沒有足夠的女孩。當然我也是導演，所以我得一下子跳進去演戲，一下子跳出來指揮弟弟、妹妹。

「每個人都躺上地毯，」我命令道：「我是喬，我等一下會說：『沒有禮物的聖誕節就不是聖誕節。』邦妮，你是瑪格，你要說：『貧窮真是可怕啊。』」我們編的另一齣戲叫《死亡的紅寶石》（*The Ruby of Death*），需要借用媽媽的紅寶石戒指還有她的一件貼身連衣裙，反正她從沒穿過。我費了好大勁才把布萊德抓住，因為他缺乏排練的耐心。然後我明白了，如果我讓他演些更刺激的角色，比如《死亡的紅寶石》裡的強盜，情況就會比較順利。

無論他們願不願意，兄弟姐妹都是人類磨練實驗室的實驗物件，你在他們身上練習所有的邪惡與美德，測試文明的極限，並找到你對無恥的容忍極限。如果你夠幸運，生活在一個有偶數孩子的家庭，那就總是會有人站在你這邊，除非你是上頭有三個姊姊的唯一男孩，像布萊德。或者你是家裡唯一的嬉皮。

我們小的時候，布萊德跟我常常是同盟，因為我不想玩娃娃或商店小姐，或是任何邦妮和泰麗在玩的東西。有時我們四個人一起玩耍，我們扮演拓荒者，把毯子放在上下舖的兩側，把它當成一個有蓋的馬車。邦妮和泰麗坐在裡面扮拓荒者女士，而我和布萊德則戴上牛仔帽，坐在上舖，把床搖來搖去，嘴裡喊著：「駕！衝啊！」我們也玩醫院辦家家酒，布萊德和我是醫生，邦妮、泰麗是護士，娃娃與寵物則是病人。

布萊德和我還有另一個同盟。我們是世上最會惹麻煩的一對姊弟，而邦妮和泰麗天真地生活在我們之間。我們遺傳自爸爸，活潑、多嘴、叛逆。

很可惜，對我們全家人而言（包括布萊德在內），我實在太酷了。我就是個花招很多的學生，偶爾抽大麻，經常蹺課去國王咖啡店，和朋友一起抽菸、喝咖啡。我聽滾石樂團和發明之母樂團（the Mothers of Invention），在我們共用的臥室裡點燃草莓線香，這可是大事。結果當時十一歲的布萊德便加入其他家人那邊一起反嬉皮了。

放學後我們在看《警網》（*Dragnet*）。一名嬉皮模樣的年輕女子抽了幾口大麻，然後教人難以置信地，她把自己的寶寶放進了烤箱。「這不是真的！」我向客廳裡的所有人宣布。「這是刻意誤導！大麻不會讓你做出那種事！」

布萊德一直看到進廣告，然後轉頭向我：「你這嬉皮！你這該死的嬉皮！」他瞪著我開始指責起來。

「你這白癡！你這小流氓！」我反駁：「首先，早就沒有嬉皮了，現在是一九七〇年了，笨蛋。再者，你對嬉皮根本一無所知，但我知道。」

「媽媽！」他大叫：「黛比抽大麻！」

「你給我閉嘴！」

他很可能是在報復，因為我上星期六差點沒殺了他。但我是有理由的，那天我一直想睡個懶覺，通常無論是消防車、狗吠、鬧鐘或任何東西都不會妨礙我繼續睡。我和妹妹們共用的房間是主臥室，有自己的浴室，浴室也通往雜物間，雜物間又與廚房相連。有人把所有的門都打開，突然之間，我被咖拉咖拉的響聲驚醒，聽上去就像用杜比音響系統播放恐龍咀嚼人骨的聲音。

我從床上跳起來尋找噪音的來源，發現布萊德拿著一個兩夸脫的黃色特百惠碗，碗裡大概有半盒玉米脆片漂浮在牛奶裡。

「啊啊啊！」我衝著他尖叫。「你是整個地球上最粗俗的人！」

「什麼？」他看上去真的很困惑。

「什麼？我真不敢相信你嚼麥片居然可以這麼大聲，把週六早上想睡覺的人都吵醒了！知道嗎！」

然後他大笑起來，畢竟一個十一歲的小流氓很少有機會碰巧有了一個如此奏效的刑具。然後我得追著他滿屋跑，威脅要勒死他，等我快要抓住他時，我們都笑了起來，他也像往常一樣大拇指插在耳朵，抖著其他手指瞪大眼睛扮鬼臉。

我和小弟的聯盟破滅了。邦妮和泰麗全心全意投入教會的事情，舉發我偷爸爸、媽媽的香菸，身上還有吻痕，這已經夠糟糕的了。爸爸、媽媽根本就與這個世界失聯，令人絕望。現在連布萊德都這樣！

「你知道你是什麼嗎？」我告訴他，《警網》的主題曲正好當成我們的背景音樂。「看到那傢伙了嗎？」我指著傑克．韋伯說。「你就跟他一樣，你是個抓耙子。從現在起我要叫你傑克。」

「至少我不是該死的嬉皮。」他說。

我為何會待在這個家庭裡？肯定是有什麼弄錯了，我真正的家人在外面找我，他們都聽搖滾樂，每個人都有自己的車。他們打扮隨意，但顯然很有錢。也許他們是嬉皮。也許他們就跟我一樣。

一九八〇年到二〇〇〇年間，美國監獄人數增加近300%。很大一部分原因是毒品。其中，有色人種的男性以及所有種族的女性增長最快。監獄做得最好的事似乎是創造了更多對監獄的需求。當父母其中一方入獄，家庭就會變得不穩定，被留下的孩子更容易面臨各式麻煩，包括未來的監禁。

以前在監獄裡度過一段時間是恥辱，現在卻像儀式，尤其對那些在城市貧民區長大的男人而言。有三分之一黑人男性可能在人生某個時刻入獄監禁。在加州，一次監禁可能導致更多監禁——累犯率在65%到75%之間。這並不一定表示這人有了新的罪行，有時只是「技術性」違規，比如沒有把新地址給假釋官、錯過了一次面會，或是沒通過藥檢。但不管是什麼原因，對這些家庭都具有同樣的毀滅性影響。

戴斯蒙（在《藍色列車》中扮演兒子錢斯的獄友）就說，如果他爸爸在加州，這個角色可能就是他的真實故事了。不過，戴斯蒙的父親是在田納西州終身監禁。也許這就是為什麼他與R&B（演出獄友父親）的那幾場戲會如此感人。當地報社的一位記者來看我們首次公演，那篇報導占了整版的篇幅，標題是：這可能是你永遠看不到的最佳音樂劇：由加州男子監獄囚犯演出的作品。記者指出，戴斯蒙聲音情感豐沛，那些《美國偶像》的當紅明星都應該為這個競爭對手身陷囹圄而備感慶幸。

《藍色列車》的成功讓我彷彿飄上了雲端。當你創作出一件抓住時代精神的藝術作品時，你就會有這種感覺。這齣戲是如此地傑出，如此地真實，我們不得不持續加演，無論工作人員、獄友還是社群成員都是如此。我敢肯定，如果我們的監獄是在紐約而非加州，我們不久就會到監獄外面演出——甚至可以到百老匯表演。

隨著故事開展，音樂穿插其間，觀眾逐漸入迷。饒舌歌手錢斯心中始終有件耿耿於懷的事，他母親懷上他時被父親拋棄了。他在監獄裡的室友 R&B 給他的建議或「老派音樂」他都不感興趣。錢斯一進監獄，就和黃鼠狼這人糾纏不清，黃鼠狼有海洛因毒癮，他從一個叫肥狗的人那兒賒購了毒品。黃鼠狼告訴肥狗，他買這些是要給錢斯的。

就在錢斯和黃鼠狼發生愈來愈多糾葛時，R&B 在牢房裡發現錢斯母親的照片，得知他的室友就是自己兒子。當債務償還的日期來臨，R&B 發現肥狗告訴黃鼠狼，如果不付錢，就把錢斯帶出來。R&B 跑到院子阻擋他們，但為時已晚。他發現兒子的屍體橫臥院中，於是躺在他旁邊，R&B 乞求上帝讓他跟錢斯交換，獄友組成的天使合唱團圍繞在兩人身邊。

在這個魔幻現實主義時刻，錢斯坐了起來，塔上傳來一個聲音（加百列口白）喊道：「所有在院子裡的人都趴下！」員警來調查，被拖走的是 R&B 的屍體。該劇的結局是錢斯終於發現 R&B 是他的父親，並將 R&B 最愛的馬文·蓋伊（Marvin Gaye）音樂與他自己的饒舌結合在一起。然後，一個衝動的年輕印第安人被送進監獄，跟一個同族的老人關在同一間牢房，迴圈又重新開始。

我選擇的一些音樂讓部分獄友們感觸良多，其中包括羅比．羅伯森（Robbie Robertson）的〈瘋狂河流的下游〉（Somewhere Down the Crazy River）、強尼．凱許（Johnnie Cash）的〈那男人來了〉（〈The Man Comes Around〉），以及巴布．狄倫（Bob Dylan）的〈現在一切都要結束了，憂鬱寶貝〉（It's All Over Now, Baby Blue）的撕心裂肺版，這是黃鼠狼在抓住錢斯前唱的。音樂劇開場時，為了表現吸毒引起的精神錯亂，院子裡的獄友們要表演〈監獄搖滾〉（Jailhouse Rock）。很多獄友都表示反對，其中一個還痛苦地抱怨：

「在監獄裡唱這首歌，就像叫一個侏儒唱『矮子沒有活下去的理由』。」

「這首歌一定要。」我說。而我的直覺是對的，在初演之後，我向演員和工作人員指出了這一點。演唱〈監獄搖滾〉時觀眾們又笑又鼓掌，〈那男人來了〉則完全抓住他們的注意力，到〈現在一切都要結束了，憂鬱寶貝〉時，許多人都哭了。「原創音樂也非常好，但我知道，加入大家喜歡的歌曲可以提升情感方面的投入。」

在我們成功的榮耀中，最受熱烈歡迎的就是博．巴特勒，他飾演 R&B。博是一個高大有魅力的黑人，聲音洪亮，散發著一種舞台魅力。人們很難不喜歡博，大家都叫他「綠眼」，雖然他的眼睛是藍色的。我曾經問過他這問題，他說：「這是黑人的說法，托波拉女士。黑人有我這種顏色的眼睛都是叫綠眼，只有白人才叫藍眼。」

雖然他在唱歌和演戲方面表現非常出色，但他在大學時期其實是玩美式足球的，年紀輕輕就已準備成為職業球員。然而他染上了毒癮，隨後被奧克蘭突擊者訓練營開除。他現年五十幾歲了，是個虔誠的基督徒，在街頭、監獄和教堂之間來來回回打轉了三十年。

「托波拉女士，我真希望外面的人也能看到這齣戲，它實在太好！」他告訴我。

「是啊，尤其是那個演 R&B 的傢伙。」

「不，即使我不在戲裡面，我也是這麼想。」

博將在幾個月後獲得假釋。他發誓這次會有所不同，我相信他。

但六年後，當他再次復發，我就在那裡看著他倒下。那是在我們的「詩的正義行動計劃」，一群曾被監禁的演員在外面表演了《藍色列車》後的事。事實上，那件事發生在我們第二齣戲《解脫》（*Off the Hook*）巡迴演出的過程中。當博再次登上藍色列車，我的心都碎了。

01 一個源自希臘，用以表達發現某件事物、真相時的感嘆詞，或是成功做到某事時發出的歡呼。

XI. Chow Call

第十一章

放飯時間

多數時候，監獄裡的生活黯淡乏味，日子一天天過去，教人麻木地一成不變。除了像藝術矯正這樣散發著光芒的專案，沒有什麼值得慶賀的事。這裡的動物與食物比外面的世界更重要。

在監獄裡見到動物會帶有一種魔力，尤其鳥類，因為牠們可以在柵欄裡活動，但如果牠們想也隨時能飛走。以較新的監獄來說，加州男子監獄的野生動物生態很特別，出沒在此的動物包括鹿、負鼠、火雞、土耳其禿鷲以及其他鳥類。我非常著迷，所以寫了一首關於牠們的詩。

放飯時間

放飯時間，開車進監獄的路上，
你在一座小橋前停下等待一頭母鹿行過，
她保護小鹿群過馬路。

她必須保護牠們的安全，
遠離外面的世界和高速公路，
遠離柏油路
那是空中土耳其禿鷲的餐盤，
一隻從地上飛起，飛翔時猶如搖滾，
一隻圍著牠們死去的獵物盤旋。
最重要的就是去吃晚餐，不要變成晚餐，
母鹿指示著。走在長長的道上，
你看到八隻海鷗在宿舍屋頂上站崗，
大聲叫著，看著院裡一群群獄友
被趕向食堂用晚飯。
牠們研究著這些藍色的人，討論著薯片。
這些海鷗很肥，因為這裡有大量海灘上找不到的違禁品，
海灘只是牠們的度假屋。牠們留意著一個影子，

一隻貓從行政大樓下爬出，
偷偷摸摸接近一隻麻雀。
牠是隻野貓，還沒被飼料和食物碎屑馴服。
此處一片寂靜，
只有一名員警呼喚最後一間宿舍的人去用餐，
回應他的是烏鴉謀殺犯，在廚房門口附近落地，
表演出好萊塢電影特技，響亮而華麗，
說著貶低人類的話，對被丟掉的零食咯咯笑。
一群獄友經過，
烏鴉大吼著侮辱他們。
院子狗！他們嘲弄著，取笑著等級制度。
看那條魚，一隻烏鴉叫了，一群鳥都低下頭，
看著一個孤獨的人拖著沉重步履，尾隨在那群藍色的人後頭。
看到了，看到你不想成為你！

那人回頭看了看。他不確定牠們說了什麼，
但他認得那種嘲弄語氣。烏鴉一片嘈雜。
牠們熱愛放飯時間。你一定想知道
牠們是從哪兒來的。

海鷗似乎也會監獄化，以牠們自己的方式。我從沒看過烏鴉坐在鐵蒺藜上，牠們較喜歡電話線或樹梢這類較高的有利位置。但海鷗就喜歡棲息在鐵蒺藜上。我偶爾會看到有隻腳或腳爪殘肢掛在鐵蒺藜上，那是海鷗掙扎著逃脫留下的紀念品。在監獄時常可以見到單腿的海鷗跳來跳去。

沒有多少獄友會說他們喜歡監獄，但對某些人來說，離開監獄很艱辛，甚至想到要離開都是不容易的。戴斯蒙就是如此，他是在《藍色列車》中飾演錢斯的天才歌手。距離假釋還剩下幾週，他就被抓到攜帶毒品，然後刑期延長。也許他出獄後沒有家人或支援網絡隨時能夠幫助他。也許他害怕一旦獲釋回到他的社區就會返回錯誤的社群裡。也許他是被監獄制度化了。一切都很難說。

假釋出獄的人馬上會面臨許多障礙。他們必須立即向所在社區的假釋辦公室報告，必須找到住所，支持他的方式還有交通。但或許最可怕的前景是必須重新掌控自己的生活。監禁的後遺症就是喪失行為能力，獄友們會被告知何時該起床，何時該去學校或工作，何時該吃飯，何時洗澡，何時睡覺。至於瑣碎的日常義務——付帳單、洗衣服、做飯等，這些事項都由監獄管理。

當然，獄友們也會自己備食，這被稱為「攤食」（spreads）。泡麵可以在監獄食堂購得，是大多數料理的主要原料。獄友們不是用鍋碗瓢盆，是用垃圾袋來製作拉麵披薩、鮪魚砂鍋、墨西哥卷餅，幾乎用它來料理任何食物。他們用食堂買來的熱水壺或自製的「刺」（stingers，類似電湯匙）來燒水。做披薩的話就用拉麵煮成糊狀，然後抹成一個圓盤，再加入乳酪、玉米片和義大利辣腸。這東西會「凝固」，直到變硬就成了披薩。這些攤食要與幫派成員、宗教團體成員或是朋友一起分享。攤食是監獄生活的享樂時光，就像晚宴派對是外頭生活的享樂時光一樣。

身上有錢的獄友（大多是家人、朋友寄給他們的，他們把錢放在「冊子」〔books〕裡等於存進儲蓄帳戶）從來不必到食堂吃飯。他們會在院子、宿舍吃攤食，甚至會在教堂吃，如果他們能順利從食堂脫逃的話。富裕的犯人每天都能吃攤食，窮的獄友就沒這麼幸運了。也許會有個心胸寬大的獄友邀請他們共食，但也可能沒有。沒有攤食，人們還是可以在監獄中生存，不會因此餓死。但他們會錯過這個世界的一種文明行徑，就是共享用愛準備的一頓飯，就算不是愛，那也是會注意細節的料理。

食堂飯菜都是匆忙、機械化的。獄友不會在肚子餓時悠閒地晃進食堂，他們是一個一個宿舍被送進送出。不會在餐桌上逗留，不會聊天，不會欣賞廚師的才華。許多獄友抱怨食堂的伙食不佳，似乎有更多獄友可以自製並分享食物的話，他們的狀況就更好。且或許也不致變得太監獄化。

我爸爸常跟我們這些孩子說：「我等不及要打碎你們的盤子了。」然後作勢扭動手腕，把一個假想的盤子丟到身後。我們會笑，不知道他什麼意思，因為我們知道他當然可以打破家裡的每一只盤子還有馬克杯、玻璃杯。他可以把所有叉子和湯匙融化成銀色的熔岩湖，然後我們還是有盤子可用。

他可能會弄丟眼鏡，忘記家庭食譜，把我們嫁出去並搬到阿拉斯加，變老然後死去，但仍會有餐飯和用膳儀式，他會說：「我是這裡的飯票。」他可能會死，然後在夢中回來，而在夢中，我會坐在桌旁，面前的盤子像蒼白的月亮，他正在準備飯菜，堅持要我吃「多些，再多些」，並送上外面世界的故事，告訴我世界是怎樣，或可能是怎樣。他會說：「沒人可以餓著肚子離開這裡。」就像每次我們有客人來用餐時他會說的話。

爸爸在一九九〇年過世，我回頭研究我的根，然後我很驚訝地在網路上得知，打破盤子是一種波希米亞傳統，象徵新娘的父母可以少餵一張嘴。

爸爸的家族從波希米亞移民過來，當時它是奧匈帝國的一部分。捷克斯洛伐克成立於一九一八年，於一次世界大戰結束後。一九九三年，捷克和斯洛伐克離婚了，成為捷克共和國和斯洛伐克。

我聽說，爺爺的父親法蘭克（原名法蘭堤塞克）在農場出了意外。此外，沒有人談論過他到底發生了什麼事。我猜他是被犁擊中，或是被馬拖行，爸爸甚至連到底出了什麼意外都不清楚，他不太了解自己的爺爺。

我住在阿拉斯加的時候，第一次去安克拉治（Anchorage）的國家檔案館時找到了我親人的人口普查記錄。一九〇一年，我的曾祖父法蘭克從波希米亞移民至此，當年他的年紀是二十五歲，一九〇三年，其妻子安娜隨後抵達。

法蘭克在內布拉斯加州的伊諾拉定居下來，安娜一到，他們就開始生兒育女。在一九一〇年的人口普查中，我發現法蘭克和安娜有四個孩子，分別是五歲、四歲、二歲和一歲，爺爺是四歲的老二。接著我查看一九二〇年的人口普查，安娜被列為一家之主，而法蘭克在麥迪遜郡精神病醫院裡。當我發現這個事實時，我在安克拉治國家檔案館驚叫出聲。發生了什麼事？多年後，這些碎片才漸漸拼湊起來。

原來所謂的「農場意外」實際上是被一個波希米亞人給襲擊了，此人名叫約瑟夫．基西爾卡，就在附近法蘭克兄弟的農場裡工作。那一定是一場可怕的攻擊，因為我的曾祖父此後完全變了個人。《麥迪遜紀事報》上有篇文章，刊載日期是一九一〇年六月十日星期五，它描述了襲擊的幾月後發生的事，標題是「企圖自殺已被送往諾福克精神病院」，副標題是「伊諾拉的鐵匠法蘭克．托波拉被判精神失常，週二試圖在家上吊自殺，險喪命」：

伊諾拉的法蘭克．托波拉是一波希米亞人，一直在該地經營鐵匠鋪。週一，他被帶到此處的精神科醫護人員面前，被判為應該進入諾福克精神病醫院進行治療。

他的症狀已經引起親戚和其他人的注意好些時間，他們認為最好讓相關專業人士對他的情況進行審查。審查結果安排星期二將他送往諾福克的精神病院。在他神志較清醒的時候，他對這樣的安排似乎很高興，他顯然認為在醫院接受治療或能使他的精神恢復正常。

在送往諾福克的前一天，親戚們請求允許他們帶他回家過夜，由於他沒有暴力行為，所以院方同意了這個請求。第二天早晨，一些親戚從他家中離開，前往距他鄉下的家不遠的伊諾拉，就在他們不在家的時候，他動身前往穀倉。他的妻子看見便尾隨並觀察他是否做出危險行徑。

他進了穀倉，拴上門，雖然她很快就找到方法進去，卻發現他的動作太快。他站上鋸木台，脖子上套著一條繩子，可能是先前就掛在屋頂橫樑上的，然後他匆忙跳下，腳距離地面約一英尺。

當妻子發現他的時候，他的臉已變黑，正遭受極大痛苦。他的妻子趕緊拿起一把屠刀欲割斷繩子，當她走到他跟前，親戚們正好從城裡回來，從她手裡接過刀，砍斷繩子把他放了下來。他躺在穀倉地板上，親戚們馬上通知朗格醫生，醫生急忙趕了過來。

他受了重傷，情況嚴重。因為脖子上套著繩索跳下，他的頸椎有部分明顯脫臼，但還沒有到使他癱瘓的程度。過了一段時間，他恢復知覺，情況似乎有所好轉，於星期三上午被送往精神病院。雖然他的情況仍很嚴重，但有可能康復。

這篇文章沒有提到的是，準備爬上鋸木台割斷繩索的安娜是個孕婦。丈夫上吊一週後，她生下了第五個孩子貝西。

法蘭克被送進瘋人院的幾週後，約瑟夫．基西爾卡離開了小鎮，前往波希米亞。但他於七月四日在紐澤西州的霍博肯被捕，罪名是二級謀殺。據報紙報導，基西爾卡射殺紐約市旅館的職員史蒂芬．格拉澤，因為格拉澤拒絕在基西爾卡的自動音樂盒裡投入五美分硬幣。據《諾福克新聞週刊》報導，基西爾卡很常拿著那個音樂盒出沒在內布拉斯加州道奇市的大街小巷。

基西爾卡被判三十年有期徒刑，六年後獲假釋。我常想，如果約瑟夫．基西爾卡沒有攻擊我的曾祖父，如果曾祖父沒有被送進精神病院，我的家庭會有什麼不同。在經濟上，我們家失去了經濟支柱。一九二〇年的人口普查資料中，安娜的職業是洗衣婦。我特別想知道如果曾祖父一直在我爺爺約瑟夫身邊，爺爺會不會變成另一種模樣。也許有個父親在家，他就不會變成我媽說的「上下其手」，我想相信法蘭克會禁止他這種行為。

我的曾祖父在精神病院去世，享年五十四歲。我一個表親說，她奶奶記得法蘭克在那裡住了幾年，當局曾提議讓他回到家人身邊，但他婉言謝絕，寧願待在那個已經成為他的家的地方。

似乎被判的刑期愈長，接軌外面的世界就愈困難。有個被關押了數十年的獄友（他並不是藝術矯正的學生，但在西側設施到處都能見到他的身影），大家叫他鳳梨，因為他來自夏威夷，而且挺喜歡音樂。不管他是幹了什麼進來的，他已經在這裡很久，他連約莫四十年前羅賓遜先生還在當警衛時的事都記得。這些年，他心中一直保留著這座孤島的某處，以及這樣的想法：不久以後他會回家，會有一場盛宴、烏克麗麗演奏以及烤豬等著他。

但現在，鳳梨的工作是推著他的手推車到監獄各處收集回收紙張。「Mahalo！」[01]他喊道，露出少了幾顆牙的笑容。然後他發表了一篇關於監獄裡什麼對、什麼錯的長篇大論，背景音樂是他收音機裡的經典搖滾樂。

幾月前，托克森警官拿走了他的手推車，然後讓鳳梨去油漆店取回。現在他拉著一輛漂亮的紅色馬車，它有木板側翼，車的側面印著「收音機飛翔者」。也許這就是這些年他回家的方式，乘著他收音機裡傳出的大島音樂遨翔天際。

不只獄友會被監獄化，工作人員也變得很習慣監獄生活的常規和軍事主義氣氛。我們學到永遠不要背對著門坐，因為我們要對自己的環境負責（以我為例，就是整棟建築），我們高度警戒，隨時準備逮住小偷現行犯，口頭上緩解獄友之間的衝突，大聲說出粗魯或下流的言論與行為。雖然我們每天都在努力激發自己的才智，控制自己的情緒，但我們必須接受失敗，並在失敗時按下警報按鈕。有次我發現藝術課上一個學生對著女老師在桌底手淫，我按下了警報。這是那位約聘藝術家在監獄裡上的第一堂課，發現他在做什麼時，我正在教室裡監看。這名獄友從課程中被開除，再也沒有回到藝術矯正大樓。

我注意到多數女性教師都穿著我所謂的「胖女人的衣服」，也就是運動衫和沒有腰身的寬鬆連衣裙。一部分是因為我們被要求穿著保守，另一部分是因為我們大抵都有點超重。從我四年前開始在這裡工作已經胖了約十五磅。體重增加也不是什麼神祕事件，原因就是碳水化合物，它可以消除在大籠子裡工作的壓力。愛蜜麗和我一起吃午飯時，我們會分享彼此的最愛。我喜歡義大利麵和馬鈴薯，而她喜歡司康、蘇打餅和燕麥餅乾。今天我帶了牛尾湯來一起享用。

「這真的是尾巴的一部分嗎？」她問道。

「對，但不是閹割過的公牛，現在都是用肉牛的尾巴。」

她一臉驚恐。

「沒關係，你可以喝湯、吃蔬菜就好。」

我用湯匙從她碗裡挑出一小條牛尾巴放進我碗裡，留下紅蘿蔔、馬鈴薯、芹菜和洋蔥在美味的肉湯裡。只要微波爐加熱幾分鐘就可以吃了。

小時候，我爺爺是個屠夫，他會帶各式各樣的美食回家，包括牛舌、牛尾還有被稱為「洛磯山牡蠣」的牛睪丸。每年冬天他都做牛尾湯，我迄今一直延續這個傳統。

「嗯……」她發出讚許的聲音。

吃完後，我們繼續分享甜點，是我放在桌子最下面抽屜裡的瑞士三角巧克力棒。我幫彼此各掰下兩個三角形。

「你抽屜裡有幾條？」

「四條，你知道的，萬一有緊急狀況。」

她笑起來。我們都知道監獄裡總有緊急狀況。

我們聽到廣播叫獄友回去工作了，愛蜜麗把她的東西收拾好，朝門口走去。突然她轉過身來說：「很棒的攤食，托波拉，下次我也會帶一些東西來。」

01 夏威夷話「謝謝」的意思。

XII. Where on Earth?

第十二章

地球上的哪裡？

《藍色列車》的成功激勵了我的創意寫作職員DJ去寫自己的劇本，一部名為《你不要說》（*You Don't Say*）的尖銳諷刺劇，主題是關於監獄裡的告密行為。監獄裡有種不成文的「罪犯法典」，這是一套資深的囚犯都知道並遵循的規則，資淺的囚犯必須接受這套法典的教育，告密是其中最嚴重的違規。在一些監獄，告密是一種可以判處死刑的違規行為，犯規者會被刺穿脖子或重要器官。

我在已完成的劇本上附加了一份便函，要求獲得演出批准，然後將它送進整條行政命令的鏈條之中，一直往上呈遞到典獄長辦公室。不過我想典獄長根本就沒看到它，因為羅賓遜先生把我喚進他在藍色大樓的辦公室，跟我說我們絕不可能演出《你不要說》。

「這齣戲太刻薄了，」他說：「沒有一個令人喜歡的角色。全都是劇作家的出氣筒罷了。」

「但這種諷刺是一種文學手法。」我反駁道。

「如果是這樣，獄友觀眾的文學素養還不夠欣賞這種諷刺。我稱這種東西為酸言酸語。」然後就這樣了。

如今我真的為難。去年，我們進行《藍色列車》最後一次排練與演出時，葛藍和艾比——一對夫妻檔，紀錄片攝製組——前來拍攝我們的演員和工作人員，他們說今年想拍攝我們從試鏡到演出的整個過程。兩週後，他們就會開始每週從洛杉磯過來拍攝我們現在的作品，不管它最後會變成什麼樣。

離開羅賓遜先生辦公室回到藝術矯正大樓後，我召集職員在桌邊圍坐起來，開始腦力激盪。「我們想傳達什麼訊息？」我問。DJ很生氣，因為他的戲遭拒絕了，但我告訴大家我們不能浪費時間自憐自艾，艾比和葛藍馬上就會來拍攝，我們需要一齣戲！

「所以，大家想表達什麼呢？」我再問了一次。經過一陣討論，我們終於達成共識。除了依舊沉默的DJ以外，我的職員們想反轉「和善就是軟弱」這樣的觀點，也是罪犯法典的一部分。一般而言，獄友都會很謹慎不去表現私人情緒，也盡量不關心別人，因為他們不想被視為脆弱的人，這樣的獄友會成為獵物。

這時DJ說：「我們來演一部關於外星人的戲吧。」我想他只是想讓我做出情緒性反應，因為我們在發想《藍色列車》時，加百列提到外星人，我表達了強烈反對。關於外星人劇本的想法，這已經是第三次出現，但這次我感覺好像能接受它了。

「好，」我說：「當你第一次進監獄的時候，真的感覺就像在另一個星球上，對吧？

假設有個外星人不知怎地來到了監獄院子裡……他不知道自己身在何處。」

「是小綠人那類的？」加百列問道。

「不，他必須看起來跟常人一樣，獄友們必須認為他是他們的一員。」我答道。「但他是金星來的，愛的星球，在那裡和善是一種力量，不是弱點。」

「天哪，這樣他在監獄的日子可難過了。」薩德說。

「他怎會出現在監獄院子裡？」DJ 問。

「我不知道。他必須從天而降之類的。」我沉思著。

「他們把他趕出了那另一個星球，把他彈射到外太空。」加百列提議。

「為什麼？」我問。

「因為他遇上麻煩。」加百列說。

「在充滿愛的星球怎麼可能遇到麻煩呢？」我問。

接下來的幾分鐘沒有人發言。

「太多愛了。」金寶說。

「對，他是個萬人迷，」DJ 說：「他跟指揮官的女兒胡搞。」

我的工作時間和業餘時間全都用來製作這部劇，以便葛藍和艾比前來拍攝我們試鏡前，劇本已經完成並且得到批准。主角 V-00711 看起來雖然像地球人，但有一個明顯的區別：他的皮膚是紫色的。當指揮官把他驅逐出金星時，她告訴 V-00711，他的生命已經走到盡頭，即將前往天堂。然後他被發射到外太空，降落在一個沒有愛和女人的地方。他抵達監獄的院子，當時院子裡正在進行音樂表演。

V-00711 認為獄友們是天使，只要能證明他屬於那裡就能得到他的翅膀。於是獄友們開始欺騙他，讓他過得相當辛苦，甚至還計劃要殺掉他。獄友們對他的紫色皮膚感到疑惑，他有肝炎嗎？是因為曾在冰毒製造廠幹活嗎？最終他們接受了他就是紫色這個事實。

因為金星人不相信暴力（包括離婚），所以 V-00711 唯一的「武器」就是當他接觸別人時，可以透過愛的力量來改變他們。當他這樣做時就會響起豎琴的叮噹聲。堅強的男人會突然哭泣，互相擁抱著說：「我愛你，兄弟。」

當那些發號司令的人——監獄暴力的策劃者們——發現 V-00711 對他們的生意不利時，他們想出一個辦法把他幹掉——用監獄酒，監獄裡用發酵水果釀造的酒。它發揮了作用，V-00711 在酒的影響下失去了能力，無法改變他人。但與此同時，神出現在金星指揮官面前，要她把 V-00711 接回。當然，她去解救了他，而他還帶了幾個好朋友一起回金星。這是一部瘋狂喜劇，最精彩的部分就是看著獄友們被愛改變。

金寶和加百列都為這齣戲譜曲。金寶問我，他在真實世界裡的一個同事想寄一張 CD 來藝術矯正，不知可不可以。他說：「可以幫助我為我們的演出準備音樂。」

「我覺得可以啊。」我說。

所有寄到監獄的信件都要送到收發室，在那兒，獄友們的信件會先經過掃描才送到他們手上。有時，工作人員的郵件如果看上去可疑也會被打開來受檢。當 CD 送來的時候，我拿給金寶，並把《塞維利亞的理髮師》（*The Barber of Seville*）原聲帶拿給加百列。下班時，這些 CD 會收到我辦公室一個上鎖的櫃子裡。但是現在，金寶和加百列把 CD 拿到大樓的不同地方去製作他們的音樂了。

《地球上的哪兒？》充滿了文字遊戲和肢體喜劇。劇本中有個段落，一個名叫「割喉」（Cutthroat）的角色注意到 V-00711 的膚色，問他：「你是小丑嗎？紫紅色的。我不喜歡你的樣子。」

V-00711 回答說他不是紫紅色（purple），他是紫羅蘭色（violet）。

割喉搖搖頭：「你不暴力（violent）啊，你不暴力。」

我先前請加百列寫了一首關於「是紫羅蘭色，不是紫紅色」的歌，希望拿它當愛的星球的頌歌。

「我搞定它了，T女士。」他說。

我聽到的是一首悅耳的小曲。

「我很喜歡，」我告訴他：「除了主詞、動詞一致性的問題。」

「什麼？那是什麼？」

「再彈一遍副歌。」

我們聽到：「來自太陽的紫外線讓我們都變成了紫羅蘭色，而不是紫紅色。」01

「光線這個字是複數，」我說：「所以後面的動詞應該不加 s。」

他不想改。我和他爭論了至少十五分鐘，他卻板著臉堅持說如果我改變它，他就會失去順暢律動的創意。但最後他還是修改了。

「我們還需要一首歌給割喉。」我告訴他。割喉是一位年輕的理髮師，會把人帶到監獄理髮店裡殺掉。他是被 V-00711 改變的獄友之一。加百列運用《塞維利亞的理髮師》的

CD，將〈費加羅！費加羅！費加羅！〉（Figaro! Figaro! Figaro!）這首歌改編成割喉的饒舌歌。我告訴他，他是我所知第一個把歌劇改編成饒舌歌曲的美國作曲家。「在這裡他們不會這樣做！這只會發生在歐洲！」

加百列笑了起來：「藝術矯正是一顆炸彈，T女士，我們要讓它繼續引爆。」

顯然我們做到了，因為有超過七十名獄友遞出了申請，想參加我們新劇中二十二個角色的試鏡。西側設施有將近三千名獄友，所以我認為，我們的「公民」試鏡比例，比聖路易斯奧比斯保（San Luis Obispo）的社區劇院還高。

艾比和葛藍忠實地記錄了所有可能成為演員的獄友冷讀（cold readings）劇本的情況[02]。在試鏡的最後一晚，我發現了完美的V-00711。布萊恩是個高瘦的白人，有種閒適的海灘男孩性格——完美！他有喜劇天分，姿勢和臉部表情都很完美，雖然他從未受過訓練。有他做主角，就能保證《地球上的哪兒？》會很受歡迎。我很高興。但當葛藍和艾比在多功能房間收拾裝備時，DJ和薩德進到我的辦公室。

「我們認為你不該讓布萊恩參演。」薩德說。

「為什麼？他很完美啊！」

DJ在嘴唇上做了拉上拉鍊的動作，薩德只搖搖頭。

「快點，到底有什麼問題？」

他們不會把獄友的事情說出來。

「Blindsticka。」DJ說。

他指的是我剛寫的一首詩，寫於一隻蜻蜓飛入我們的大樓之後。我在網路上查蜻蜓，發現有個網站上面寫著古瑞典語的蜻蜓就是「Blindsticka」這個詞。在很久以前，大人會警告孩子，蜻蜓可以縫上他們的眼睛、耳朵與嘴。我把這件事告訴媽媽，她回憶起那些瑞典長輩都會警告孩子們遠離蜻蜓，他們管蜻蜓叫「縫針」。這讓我想起了罪犯法典的第一條：不可告密。我的職員很喜歡這首詩，我們甚至為它配上了音樂。加百列覺得這應該是一首龐克搖滾歌曲，所以我在和聲中嘶吼好幾聲「Blindsticka！」，教他們捧腹大笑。

Blindsticka

那個老罪犯 Blindsticka
闖了進來
偽裝成一隻蜻蜓
以翅膀代替刺青
他點亮了窗玻璃
聽著你
如果你傾訴
如果你解開咒語
Blindsticka 就會抓到你！
他會繞著你的頭旋飛
縫上你的嘴

縫上眼睛
縫上耳朵
魔鬼織補用的針。
你不會告訴 Blindsticka 的，
會嗎？你會嗎？

因為葛藍和艾比帶了攝影機，因此典獄長底下的公共資訊官員必須一直跟隨著他們。這位公共資訊官米契爾中尉並不特別喜歡藝術矯正。由於我們的課程和排練都在晚上，待獄友的工作任務結束後才進行，所以她必須調整自己的行程表才能來這裡監看。但是不管喜不喜歡我們，她都是一位專業且大有幫助的人。我在導戲的時候，她帶了一份每位演員的入獄罪行表給我，這樣我就知道我面對的是怎樣的人。升遷到典獄長辦公室前，她是西側設施的看守指揮官，所以很多獄友認識她。在二十二名演員集合的首次會議上，她告訴他們，他們如今都在監視人員的雷達上。如果他們正在做什麼不當行為，最好馬上停止。

會後，我把布萊恩拉到一邊，告訴他：「你聽到中尉說的話了，你必須非常乾淨才行。」

我這麼說是因為DJ和薩德警告我不要讓他演出，我不知道他在做什麼，但如果他真的有在做什麼的話，我只希望他能留下與我們共度這段旅程，為了他自己，也為了《地球上的哪兒？》。

「賭上童子軍的榮譽。」他露出大大的微笑。

我們每週排練三次，持續兩個月，葛藍和艾比拍攝，米契爾中尉則陪同他們。在我們首演的前一晚，米契爾中尉告訴我，看完我們的排練後，她看到了獄友們不同的一面。她看到他們齊心協力創造了非凡的東西，我們都知道這在監獄裡不是常態。

沒錯，藝術矯正是監獄黑暗中的燈塔，就像我剛入職時期望的那樣。我因為她的讚美而容光煥發，並為我的團隊、我的職員感到驕傲。他們都各有各自的出色之處，都有缺陷，卻也相當出色，畢竟誰沒缺陷呢？當葛藍和艾比完成紀錄片時，整個世界將有機會看到他們是多麼教人讚嘆。

唐叔叔在全家面前說我永遠不會成為美國小姐後不久，我們從爺爺、奶奶在蘭開斯特的房子搬至洛杉磯的郊區唐尼，就在我正準備進入七年級前。因為我的頭有一半時間都埋進書堆裡，所以並沒有很關注時下流行或者被社會普遍接納的事物。我不需要，反正邦妮會替我做。

因為我們住的地方離國中有一英里遠，所以我騎自行車上學。比我小一年的邦妮正在就讀阿拉米達小學。消息傳到了她的學校，說我有這種怪異行徑。當時只有男生才會騎自行車上學。因此她試圖遊說媽媽不讓我騎。

「媽，她是全校唯一騎自行車的女生。」邦妮說：「如果她明年還騎的話，我會尷尬而死的。」

當然，媽媽沒有叫我不要騎。

一個週六清晨，爸爸駕車載我赴校參加 MGM[03] 智力測驗。

「智力傑出的孩子。」我們從郵件中得知了測驗結果後，他說：「我真為你驕傲。我還拿著這封信去上班。」

「真的？」我驚訝地問：「你帶著它去上班？」

爸爸的工作是建築，這是我們家永無止境的話題。以爸爸的說法，不管在興建什麼，這個行業裡的人全都非常戲劇化。政府的職業安全與健康管理局人員來這裡進行偷襲般的檢查，為的就是找到能讓整個案子停擺的證據。工會管理人員試圖整垮大家，比如有個人罷工是因為他的德國牧羊犬被禁止進入工作場所。這隻狗和牠的主人一起走在警戒線上，脖子上掛著一塊牌子，寫：「對宙斯不公平。」（Unfair to Zeus.）04 管道安裝工人總是把事情搞砸，導致那些生來就不長腦的鋼鐵工人（這是爸爸的說法）在竣工前就離開了工地。爸爸每天上班似乎都是死裡逃生。

「對，我給那群傢伙看了。」

那群傢伙。我也有自己的一群傢伙。通常在週六，有時是放學後，我會去阿拉米達打觸式欖球 05 。我總穿著黃色T恤和短褲，我是那裡唯一的女孩，但這沒什麼大不了的。就我的年齡來說，我個頭小但動作快。我很厲害，一旦我拿到球，沒人能夠抓住我。

爸爸並沒有像我以為他該做的那樣認真對待此事。畢竟他就是因為我出生才放棄了在加州理工大學踢球。誰敢說他的足球基因沒有遺傳給我呢？但爸爸完全沒有理會此事，不像我說要加入海軍陸戰隊時，他非常激動憤慨地批評 WACS（女子陸軍隊）和 WAVES（女子海軍預備役），說她們很明顯就是去大學找丈夫的下等婦女。

足球幫是認真地看待我的，至少我是這麼認為。他們多數是六年級生，跟邦妮一樣年紀。瑞奇．羅德里格斯、托尼奧．桑切斯，還有一個叫邁可的孩子，大家都叫他阿拉巴馬，他們都是這裡的常客。我們沒有固定時間表，只要孩子們出現在場上，我們就開始玩。然後瑞奇和托尼奧改變了規則，毀了我的比賽。

有一天，出於某種原因，我沒有騎自行車，而是從學校步行返家。我平時都會待得很晚，練習壘球投擲與引體向上，此兩項運動使我無法獲得總統榮譽獎的體態優美獎。我像往常一樣邊走邊做白日夢，這時瑞奇和托尼奧從幾個垃圾桶後跳出來衝向我。

起初我以為這是惡作劇或遊戲，但他們接著開始對我上下其手，他們想感覺我的身體。我朝他們猛撲過去，把旁邊的金屬垃圾桶踢出去，發出很大的碰撞聲。他們跑開了，我卻因羞恥而滿臉脹紅，內心充滿憎恨。剩下的路程我走得很快，渾身不自在，因為感覺受到背叛而憤懣。眼淚從我的眼裡湧出，我憤恨地將它們抹去。我不理解，他們是我的足球夥伴啊，我們是同隊的。

我沒有告發他們，但我有警告邦妮，因為她跟他們一道上學。她說：「這就是你跟男生一起玩的下場。」又或者只是我記得她是這麼說的，無論如何，從那以後她就不再抱怨我騎自行車上學了。因為如果當時我騎著車，瑞奇和托尼奧就沒辦法欺負我了。

又過了一段時間，我徹底放棄運動。在學校參加女子隊與不參加任何運動是一樣的意思，大家都只看男孩子的比賽，比賽結果還會刊在報紙上。女孩比賽只不過是觀眾跟參與者的餘興節目，沒人在乎誰輸誰贏。如果你不能跟男生一塊兒玩，何必還要費心去運動呢？

在我們《地球上的哪兒？》首演那天早上，我跟葛藍、艾比在藍色大樓見面。他們想拍攝職員組裝我們精心製作的場景，舞台左側是金星的指揮中心，右側是監獄的院子。他們也想拍攝演員，尤其是初演的演員在第一次演出前的樣子，捕捉一些戲劇性的鏡頭，像是他們念著台詞，以及努力戰勝站在後台時的緊張情緒。米契爾中尉正在辦公室裡跟值班指揮官談話，我們人在外面的台階上，突然艾比從包包裡拿出相機。米契爾中尉馬上走出，艾比問她是否可以拍攝那幾名走向藍色大樓的人，那是兩個警官與一個戴手銬的獄友。這個獄友就是布萊恩，我們的主角，西側監獄的羅賓・威廉斯。

「噢，我的老天哪。」我說。

米契爾中尉同意了艾比的要求，並對朝向我們走來的壯觀隊伍搖了搖頭。她回到辦公室，拿著獨家新聞出來了。布萊恩用監獄的電話做毒品交易時被逮到，他希望有人在營地院子裡留下一些大麻，隨後他再過去取。現在，他在被送進洞裡的途中，而我們的節目三小時後就要開始。

演出必須繼續下去，我趕快找了一個演員遞補了布萊恩的角色。原本他在這部作品中只扮演一個小角色，現在突然成了主角。他是個黑人，所以負責用噴霧把金星人噴成紫色的薩德如今很難把他弄成紫色的。新演員馬上研究劇本，第一場戲有些卡，但是演員們很快就找到他們的節奏，新的 V-00711 擅長身體喜劇，只是不像布萊恩那樣完美。

我們做了幾場演出，典獄長辦公室甚至要求我們再加演一場給想看表演的工作人員看。

教育部門的副部長懷特先生寫了封信給我，祝賀我演出成功，他覺得這齣戲既有趣又振奮人心，「充滿和平與和諧的訊息」，他又補充道：「你讓一群被多數人放棄的獄友所造成的改變，真的相當驚人。」這話聽起來像音樂一樣悅耳，也進一步證實了我擁有全監獄中最好的工作，甚至可能是全聖路易斯奧比斯保最好的工作。我把他的信收進書桌的最下層抽屜，跟瑞士三角巧克力與燈塔風箏擺在一起。我迫不及待想開始製作明年的戲了。

收到他的信後不久，懷特先生從典獄長辦公室致電給我，請我立即過去，這類的事態如果不是非常好，就是非常糟。結果是非常糟糕。郵件收發室截獲了一個包裹，是我從未聽過的女子寄給我的。包裹裡有一張卡帶、度假照片，還有一張寫給我的紙條，上頭寫著我的職員金寶叫她把這些東西寄給我。

懷特先生溫和地質問我，典獄長在一旁聽著。我告訴他，我只有允許金寶讓他的同事——一個專業的音樂家——把CD寄到藝術矯正，但我完全不知道寄卡帶的那女人是誰。我猜金寶是覺得如果第一次成功了，他就可以繞過監獄規定，讓其他朋友也透過我來寄東西給他。

典獄長告訴我，我的檔案裡會加入一封指令信，列出我違反了「交易」章節中的第十五條規定：「本條例禁止僱員與獄友進行交易、以物易物、借貸，或以其他方式進行個人交易。」直到現在我才意識到自己已經越界，我早該知道的。

懷特先生陪我一起坐接駁車，從東側的典獄長辦公室回到西側我的辦公室。金寶的背叛讓我措手不及，我的臉因羞愧、恥辱而發燙，他為什麼要這樣對我？金寶擁有——現在是曾經擁有——一份理想的工作，一個讓自己早上起床的理由，一個讓他能繼續發揮藝術天分並對監獄文化產生影響的地方。我真的無法理解，後來我問米契爾中尉他為何這麼做。她簡要地告訴我：「他想感覺自己與眾不同。」彷彿他與我有一種特殊關係。

我們到達我的辦公室後，我打開存放所有 CD、錄影帶與 DVD 的櫃子，尋找金寶的同事寄來的 CD。「那張 CD 在哪裡？」懷特先生問。

「我不知道。」我瘋狂地翻找著櫥櫃。

「我們會搜查他的宿舍。」懷特先生說。

我停下動作，站起來面對他。

「好的。」我說。

Blindsticka。

01 此句的原文為：The ultraviolet rays from the sun makes us all violet, not purple。

02 冷讀術泛指沒有預先準備，當場即席朗讀並對文本進行各種直觀判斷。

03 智力優異兒童（Mentally Gifted Minors）的縮寫，這是一九五一年起於洛杉磯與加州的另一學區成立的大規模資優教育課程。

04 此處的宙斯應是狗的名字。

05 一種非正規美式橄欖球運動，只允許球員之間肢體觸碰，但不得抱人、搶截，是以輕微觸身替代擒拿撲摔的溫和改良版。

XIII. Who Are You Talking To?

第十三章

你在跟誰說話？

我的夢幻團隊瓦解了。他們在金寶的宿舍儲物櫃裡找到那張 CD 後，金寶就被分配另一份工作，到廚房去。加百列假釋出獄，當時我還寫了一份便函，這樣他就可以把他的歌〈在史努比營〉列入完成藝術矯正工作後要寄回家的個人物品中。DJ 在藍色大樓找了份工作。現在薩德也旋將假釋，他過來看我，因為再過兩週他就要「到屋子裡」（to the house），這是監獄行話，意思是「回家」。

「你接下來要做什麼？」我問他。他成年後大部分時間都在監獄度過。他是個長期囚犯，不是短期獄友。這個過渡期不會太容易。

「已經有一份差事在等我了。」他說。

「噢，那太棒了！是什麼工作？」

「從蜻蜓身上摘取翅膀，作為科學分析用。」

「你是在說笑？」

「沒有，這是真的，托波拉女士。我想，蜻蜓一定有些東西是能幫助人類的。」

「除了縫上牠們的眼睛、耳朵和嘴以外？」

「沒錯。」

我很想說，那我們保持聯絡。但根據加州矯正與更生局規定，我們禁止與假釋犯接觸。在所有替我工作過的獄友之中，薩德是最穩定、最值得信賴的一位。

「祝你好運。」我對他說。

薩德假釋後不久，DJ 來看我。「你看到新聞了嗎？」他問我。

「看到了。」我知道他在談他的朋友維克多，假釋前他在藍色大樓工作。

DJ 和維克多有些共同點，他們都對女性權威很有意見，兩個人都很傲慢，只是方式不太一樣，他們都因類似的指控入獄——DJ 是強暴，維克多是襲擊與強暴。

維克多又高又瘦，波浪鬈髮，對其他獄友的態度高傲冷漠。去年，他參加了我的詩歌課，但後來退出了。他告訴我他想參加音樂劇的試鏡，但只有在薩克斯風有新的簧片時他才會參加，因為傳染病會透過簧片傳播。我打電話給西側的醫療診所，護士證實了維克多的說法。於是我買了新的薩克斯風簧片，但維克多根本沒來試鏡。那也好，因為我無法想像他跟其他演員合作的樣子，而且他讓我感到不安。

「他跟我說他是無辜的。」DJ 說，指的是他被送進加州男子監獄的襲擊指控。「他說他當時在洛杉磯國際機場的天空酒吧搭訕一個女人，告訴她自己是電影製作人。他們發生了性關係，然後他告訴她自己其實不是製作人。她很生氣，就控告他強暴。這只是男女雙方觀點不同罷了。」

「對啦，那看看現在發生什麼事了。又有新的受害者，也許她也會說同樣的話，但她沒辦法。因為她死了。」

過去一週，電視新聞裡都是維克多的臉。假釋出獄不到一個月他就因謀殺一名前途看好的二十一歲女演員而被捕。他目前在監獄裡等待傳訊。受害者腐爛的屍體被棄置在好萊塢的山中，健行的人發現了，她就是同意了在該地點與他見面、拍照的。答應讓對方在電影中演出一角，或是引薦對方進入娛樂圈，這是維克多的一貫手法。在我們的當地新聞裡，主播總會強調犯人最近才從加州男子監獄獲釋。

新聞報導還整理了維克多過去的罪行，包括開空頭支票、非法監禁與強暴未遂。在其中一個案件裡，他闖入一名女子家中並將她綁在床上，儘管罪證確鑿，他卻還是有辦法透過認罪協商減輕處罰。陪審團陷入僵局，維克多承認非法監禁的部分以換取只服緩刑但不必監禁。最後，他被判襲擊和強暴，並被送往加州男子監獄，且刑期才不過三年多。

「你永遠不會知道自己到底是跟怎樣的人一起待在這兒，是吧？」DJ 說，他整個人相當慌亂，與平時那種自作聰明的態度不同。

我看著他：「對。」

加州監獄每天都變得更擁擠，不消多久，監獄就沒有容納新獄友的空間了。二〇〇四年起，監獄開始在六乘八英尺的牢房裡放置上、下鋪，並將健身房改為臨時住房，容納數百名新到獄友。

監獄人滿為患的主要原因是一九九四年加州投票通過了「三振出局法」。根據「三振出局法」，任何有過兩次前科的人——舉凡接受贓物、私藏毒品、入店行竊等而被定罪的人——都要判處至少二十五年有期徒刑，然而像維克多這樣的人在服刑幾年後就獲釋，只因他犯下的罪刑不被計入「好球」之內。

此外，一九七七年頒布的「定期刑」判決也促成監獄過度擁擠這個結果。在那之前，加州一直實行不定期刑判決制度[01]。判決的刑期是一個範圍，例如五年至無期徒刑。後來為使量刑更公平，消除種族偏見，改為定期刑判決，對犯罪進行量刑標準化，並制定「強制性最低量刑」。

定期刑判決產生了始料未及的後果。監獄裡一下子擠滿犯人。過去，根據法官的判斷，這些人可能被判緩刑或罰款，尤其初犯者。在舊體制下，獄友比較有動力證明他們正在改過遷善。但在定期刑判決下，獄友在監獄裡做的任何事都不會加速他的獲釋。

如今，獄友在監獄裡去了又來，幾乎四分之三的獄友假釋後還會回到監獄。維克多就正在往回走，他永遠出不去了。我一直在想那個被他謀殺的年輕漂亮女子，還有那些被他恐嚇的女人。監獄就是該留給像維克多這樣的掠食者，那些危險到不可以跟我們一起生活的人。但現在監獄成了大倉庫，收容了有藥物濫用問題的人、為了滿足毒癮而犯罪的人，或者在毒品影響下做出糟糕決定的人。

十四歲的某晚，我發現了一樁我不想知道的事。我覺得我可能會在那晚死掉，並且意識到，人在絕望的情況下是孤獨的。如果有個人快要死去了，那即是此人最孤獨的時刻，不管當時身邊有多少人。

我的朋友克麗絲朵有個約會，她請我那天代替她去當保姆。雖然我是個經驗豐富的保姆，但我從來沒有遠離我家。我平時的工作是照顧同一條街上薛伍德家的小孩。但克麗絲朵的保姆工作是在派拉蒙——隔壁的城市。我拜託媽媽讓我去，一方面是為了幫助克麗絲朵，另一方面是為了錢。媽媽最後終於讓步了。

這位母親卡拉駛了一輛小貨卡來家裡接我。她告訴我媽，她要外出，淩晨兩點左右才返家。派拉蒙的地理位置離唐尼很近，但文化上卻是另一個世界。我上了卡拉的車，去她家的路上，我們來到一個正在施工的十字路口，她似乎沒辦法避開路上的橘色交通錐，撞倒了好幾個。我很緊張。

一走進她家，我的緊張就變成了焦慮。它很小、很髒，沒有任何能讓它看起來像個家或是讓它感覺舒適的物件在裡頭。窄仄的客廳裡有張結塊的綠沙發，一張破舊咖啡桌，一台電視機與一把搖椅。卡拉突然就消失了，留下我和我的責任：一個嬰兒與兩個蹣跚學步的幼兒。廚房桌上是一些很久以前吃剩的午餐：發黴的麵包、發黴的果凍。冰箱幾乎是空的，寶寶沒有牛奶可喝，當然也沒有尿布。孩子們的床上有蝨。而且還沒有電話，如果有，我早就打電話回家了。我得待六個小時，直到卡拉回來。

我打開電視，跟孩子們一起坐上沙發，他們全是男孩。最後，我把他們床上的蝨刷掉，哄他們睡覺。寶寶還醒著，所以我跟他一起坐在客廳裡。

這間房子的前門上沒有窺視孔，有的是一扇可以打開的小門，那邊以前一定裝過玻璃。門鈴響了，我開啟小門，看到門外有兩個十來歲的男孩。其中一個我認得，他被我們學校趕出去，送進了繼續進修中學，那是他們關押少年犯的地方。他要找卡拉，我說她已外出，然後關上了小門，返回沙發上嬰兒的身邊。

這些人顯然並不在乎卡拉在不在。一隻長長的手臂從那扇小門探進來，打開了門鎖。他們就這樣自己走進門，關掉電視，坐在沙發上，問我名字、年齡、在哪裡上學。我的心臟怦怦跳，我告訴他們卡拉不希望我讓人進屋。我認得的那人應該是叫羅納德·布魯，他笑了起來。

「卡拉是我姊姊。她才不在乎這裡怎樣，只要她自己玩得開心就成了。」他說。

我思考了一下，決定嘗試一種不同的策略，我說：「但我媽媽不允許我帶孩子的時候有人過來。」

羅納德．布魯又笑了。他大步走進孩子們的房間，把他們喚醒，他們見了他似乎很高興。他和他的朋友（自稱叫史蒂夫）從他們帶來的紙袋裡取出啤酒，點燃了香菸，像在自己家裡一樣。羅納德．布魯對他的朋友說：「嘿，你瞧！」然後對他最大的侄子喊道：「嘿，吉米，過來。」然後他把香菸遞給他。

「抽吧。」他說。

那孩子只是呆站在那兒。

「抽啊，快點，吉米。」

那小男孩還不到三歲，嘗試著，微笑，然後嗆到。羅納德．布魯和他的朋友覺得這很好笑，然後給了兩個孩子一些啤酒。

我沒有說話，但我腦子正在飛快地轉。現在一定是晚上十點左右，我在這裡已經兩個小時了，這表示還得再等四個小時她才會回家。屋裡到處都沒有鐘，我也沒戴錶。羅納德．布魯和史蒂夫也沒戴，但他們用不同的方式辨識時間。

「啤酒沒了。」史蒂夫宣布。

「走吧。」羅納德．布魯說，然後轉向我：「我們要去商店，等會兒就回來。」

他們走後，我不斷思索我該怎做。我祈禱他們別再回來。我想回家，這輩子從來沒有像當時那樣覺得家是如此安全且充滿了善意。我試著安慰自己，讓自己相信他們不會回來，但沒多久我就聽到他們的聲音在門外。

羅納德．布魯邁大步走了進來，遞了一杯啤酒給我，我禮貌地拒絕了。

「我們帶了東西給你。」他把手伸進紙袋。抽出一份報紙，扔在咖啡桌上。那是一份《洛杉磯自由新聞》，頭條是「十四歲的保姆被姦殺」。我看著標題時，他和史蒂夫都在笑。我什麼話也沒說。

他們什麼也沒做，真的什麼都沒做，就只是一直喝啤酒、抽菸。但我當時就意識到這個夜晚可能會有幾種不同結局。某種感覺告訴我，不要表現得害怕，要冷靜，要不惜任何代價隱藏內心的歇斯底里。我知道恐懼在他們看起來就像一份邀請。

當我發現他們根本不打算離開時，我開始衡量保護自己的最好辦法。我抱著寶寶走到搖椅上，抱著他坐在椅上輕輕搖，夜晚慢慢過去，天亮了。這寶寶是我的盾牌、我的武器、我唯一的希望。因為羅納德・布魯是他叔叔，我想他不會傷害這個嬰兒，這是他的血脈。

大概淩晨三到五點之間，我睡著了，手裡還抱著孩子。醒來時，我看見幾道光芒從窗戶射進來。羅納德・布魯和史蒂夫還在那兒，兩人交疊在沙發上睡著。時間已經是早晨，但完全不見卡拉人影，這比遲到還糟，也許她永遠不會回來了。我內心的某種東西崩潰了，我不想把孩子留給那些強迫他們喝啤酒、抽菸的傢伙，但我再也壓抑不住我的恐懼。我躡手躡腳走進孩子們的房間，把嬰兒放進嬰兒床。然後我悄悄溜出前門，進入一條小巷，開始沒命地狂奔。

我盲目地奔跑，因為我根本不知自己人在哪兒。即使我知道怎麼回家，距離也太遠了，沒辦法用步行的。我詛咒自己糟糕的方向感，詛咒著前一晚的黑暗，它讓我不知道自己身在何處。我跑啊跑，直至找到一家有付費電話的便利店，渾身發抖地投入一毛錢撥通了家裡的電話號碼。邦妮接起電話，才剛出聲，我就變得歇斯底里，一口氣把整件事說給她聽，最後提及十字路口與這家商店的名字。

「爸爸、媽媽不在，」她說：「他們去看布萊德的足球賽了。」

我從來沒有想過，我在承受創傷的時候，我的父母居然在看一場愚蠢的足球賽。

「那我打給諾妮。」我啜泣著。

但邦妮說：「她和他們在一起。」

所以我打電話給我男朋友湯姆，他答應會幫我。

「等我一下，你那電話是幾號？」

幾分鐘後，他打電話回來，說他的父母不相信他。聽到這消息，我只能哭了。

「讓我問問我姊，等等我。」他說。

我等了又等，也很擔心羅納德．布魯和史蒂夫會來找上我。最後，電話鈴又響起，湯姆說：「雪倫跟我在路上了，待在那兒別走。」

看到雪倫的車時我終於鬆了口氣，哭得更厲害了。我覺得自己很幸運，有湯姆．巴恩斯這樣的男友，他相信我，肯為我解決問題，我可以信賴他。他的姊姊雪倫在一家律師事務所工作，她聰明、堅強又風趣，我非常崇拜她，就像十幾歲的女孩崇拜嫻熟的成年女性一樣。雪倫先讓我安穩下來，然後告訴我，我們必須再去找到那間屋子，雖然她知道我不想這麼做。

「我們必須這麼做。」她說。

不知怎地，我真的將我們帶回了那幢屋子。雪倫走到門前敲門。吉米出來開門，然後雪倫走進屋裡。她出來時示意湯姆跟我進去。

孩子們都醒了，正在找東西吃。寶寶還在嬰兒床上，醒著，但沒有哭。羅納德·布魯和史蒂夫已經走了。

雪倫轉身對我們說：「我要回剛才那間商店，然後報警。你們倆留在這兒。」

她回來時帶了甜甜圈、果汁給吉米和卡爾，也買了牛奶給寶寶。她不在的時候，我和湯姆用現有材料洗碗布做了一塊尿布給寶寶換上。幾分鐘後，警察抵達。他們進到屋裡，拍了些照片，並把事情寫下。

「你媽媽在哪裡？」一個警察問吉米，吉米只搖頭。卡拉可能告訴過他看到警察的時候要有什麼反應，就跟我媽媽告訴我看到陌生人時要怎麼辦一樣。警察告訴我們可以離開了，當我們坐上雪倫的車，卡拉才終於駛著她的小貨卡回來，晚了六個小時。

她明白發生什麼事後轉向我們，尖叫道：「你這小婊子！該死，我要讓你好看！」

幾天後，我一個人和我們的狗希金斯在家，希金斯像往常一樣坐在沙發上望著窗外。我抬起頭，看到卡拉的白色小貨卡緩緩駛過去，然後又駛回來。我感到一陣腎上腺素暴衝，心臟在我的腦袋裡搏跳。我發現，我甚至連在自己家裡可能都不安全。如果卡拉因為我報警而想逮住我，她可以在任何地方下手：家裡，學校，任何地方。

多年後我才了解，羅納德・布魯和他的朋友史蒂夫不太可能犯下謀殺罪，當時我可能遭遇的最糟糕狀況就是強暴。但在十四歲的我心中，強暴和謀殺是一對雙胞胎惡魔——如果被強暴就會被謀殺。卡拉開車在我家附近徘徊可能是想嚇唬我，畢竟她能做什麼呢？可是當時我只知道她是個瘋女人，我引爆了她的怒火，將我們分隔開來的窗戶就只是一塊脆弱易碎的玻璃。

我遇過的多數獄友都還不致教我害怕。他們錯待了別人，包括他們自己，很多人談起自己的境遇時都心生悔疚。我喜歡這份工作是因為在接觸藝術的過程中，他們得以更全面地看到自己與彼此。合作演出戲劇或在詩歌課上朗讀詩歌時，在畢業典禮上演奏音樂時，這些獄友已不只是身上的監獄編號，他們是藝術家同儕，一起進行著一場偉大的冒險。我確信在領導他們重新想像自我生活和未來方面，我就是正確的人選。

但我也想，現在西側設施裡有多少性暴力侵犯者，他們當中有我的學生嗎？與維克多相處的經歷確實讓我很緊張。我並不特別想幫助這些人發現藝術表達的樂趣，重新想像他們的未來。但為了做好我的工作，所有來參與這個專案的獄友，我都必須看到他們的優點，肯定他們的潛力。就像 DJ 說的，我永遠不會知道在我身邊是怎樣的人。我會閱讀職員的獄友檔案，還有每年參與演出演員的檔案。但三年後我才終於發現，許多人犯下的罪行比他們被捕時的記錄還多，有時更是多了很多。就算我認為自己知道某獄友做了什麼，我也必須對自己承認，其實我真的不知道。而且我只能活在這樣的無知之中，盡可能做好我能做的，同時祈求上天保佑。

維克多困擾著我。他假釋出獄幾個月後，我做了一個關於他的惡夢。它是如此令人不安，所以我把它寫下，然後讓它變成一首詩。

你在跟誰說話？

I、一月

你的姓不是東歐人的嗎？
他問我，在他輟學的時候。
一個希臘人，一個貴族，
他來到此不過是場誤會：空頭支票，
懷恨在心的女人。
現在他須忍受那群有刺青的人。
我很高興看到他獲假釋。

II、二月

健行者，現代的地獄使者，

發現她的屍體與繩子。
閃過電視螢幕的，是他的臉，
頭號嫌犯，
有試圖綁架、毆打、強暴女人的歷史。
還有空頭支票。

Ⅲ、三月

在夢裡，我在監獄的辦公室裡講電話，
感覺有人站在門口。
你在跟誰說話？他問道。
就在我被嚇醒前，
他舉起了右手，那是一條繩子。
糟糕的捷克人，他說。

01 不定期刑是指審判機關在判決時，對構成犯罪、需要監禁之被告只作罪名宣告，不給確定的刑期，由行刑機關根據犯人服刑期間的具體悔罪表現，決定何時予以釋放之制度。

XIV. It's All Good

第十四章

一切都好

每次我告訴別人我在監獄裡帶戲劇，他們都想知道是不是莎劇。甚至曾有個記者問我為何我從來不演莎劇。我向她解釋說，我無法抗拒推出原創作品的機會，講述那些在人類歷史上最大監禁熱潮中被監禁者的故事。

但是今年——二〇〇五年——我投降了。算是投降了，因為這是個意外狀況。我舉辦了一場劇本創作比賽，邀請獄友提交以犯罪、懲罰或救贖當主題的獨幕劇。最後我決定用一個統一角色將這些不同的戲編織在一起。

這就是《結局好，一切都好》（*It's All Good That Ends Good*）的誕生。我把「囚禁中的莎士比亞」（Shakespeare behind bars）這句話變成真的，並以剽竊、身分盜用、網路欺詐、跨州運輸贓物等罪名將這位詩人關進監獄。莎士比亞的角色，又稱為小法蘭克·培根，他會說出莎翁在各部戲裡的著名台詞。

劇中，監獄不僅錯誤地關押了一個無辜者，而且此人還是公認的天才，是有史以來最偉大的作家。這齣戲一開始是莎士比亞——也就是法蘭克·培根——在一個名為「在黑爾面前沒有機會」（No Chance in Hale）的作弊遊戲節目中，黑爾法官要被告替自己辯護。他問莎士比亞是否有什麼話要說，莎士比亞懇求法官對他寬容一點，他說：「慈悲是強迫不來的，它如天賜甘霖，潤澤了大地：它是雙倍的福分，賜福給施予的人，也賜福給接受它的人。」

黑爾法官把十二名作為陪審員的參賽者叫上台，讓他們就莎士比亞的命運進行辯論。最後，這位詩人轉動了命運之輪，看自己的結局到底會轉到哪裡——夏威夷、紐約、巴黎、西伯利亞。我的新職員山姆做了這個轉盤，並且把指針加重，這樣它就會總是落在西伯利亞。雖然他被判在西伯利亞的凍原上服不定期刑，我們的莎士比亞仍拒絕認罪，拒絕遵守監獄文化。儘管受到西伯利亞監獄其他囚犯的嘲笑，他依舊堅持自己的身分，並在獄友杜斯妥也夫斯基的建議下，決定寫一部以監獄為背景的傑作。隨著劇情發展，這部傑作被另一個獄友克里斯多福・馬洛（Christopher Marlowe）偷走了。但到了第三幕，一切問題都獲得解決，我們的英雄得知他母親是用一位已故名人的 DNA 人工受孕的，所以他「在基因裡就有詩人的天賦」。莎士比亞的後裔尋回了被偷的劇本，總結道：「結局好，一切就都能接受了。」另一個角色大胃王糾正他：「不不不，兄弟。記住我跟你說的！結局好，一切都好！」

創作劇本極富挑戰性，也很值得。我喜歡替我們的主角找到完美的莎士比亞台詞。這齣戲是一部滑稽喜劇，但其有趣之處同時也隱藏著嚴肅主題。莎士比亞發誓要利用在監獄的時間寫一部戲，反映一些獄友想要積極地利用坐牢的時光，並抵禦必須服從罪犯法典的壓力。還有，主角堅持保留自己的身分。正如他在西伯利亞時說的：「我不得不向夜晚告貸一、兩個昏暗的鐘頭。」言外之意是，他不會讓監獄改變自己的身分。

我們開始排練，扮演杜斯妥也夫斯基的該名獄友真的很傑出——個子高，儀表堂堂，甚至有點君王氣派，但他搞不懂俄羅斯口音到底是怎樣，直到我最後告訴他，試著模仿麥片廣告裡的巧克力伯爵，他才理解。不過我們還是有些後勤問題，像是要如何把布景從電視節目現場轉換到西伯利亞的監獄，以及第三幕，轉換到好萊塢的公寓？

我把午餐時間花在一項艱鉅任務上：寫一份便函給典獄長，解釋我的網址怎麼會被色情網站劫持。我剛從莫羅灣搬至聖瑪麗亞，必須變更我的網路服務、手機和家用電話號碼，以及居住地址，因為忙著弄這些東西，就沒注意網域註冊到期的通知。我的網站deborahtobola.com上放了自己的詩，還有我跟人合著的一些兒童書籍的連結，沒有什麼繽紛的特效。因此有天我登錄自己的首頁時真的嚇壞了，「後街好色之徒」（Back Street Bangers）在頁面上好幾個位置，都是些裸體男女在亂搞的畫面，所謂的「硬派色情」

（Hard-core porn）。我立即撥打電話給我的網路服務供應商，他們解釋，到期的女性網域名稱經常會馬上被別人註冊走，並被用於色情廣告。經過幾日調查，他們告訴我，取得我網域名稱的是一家俄羅斯公司，除了支付贖金外就沒別的辦法了。在這個案子中，我用五百美元買回了我的名字。然後把網站撤掉了。

然而今早，我朋友兼現任主管麗莎告訴我，我必須寫一份便函給典獄長，告訴他發生了什麼事。

「我真的必須這麼做？」我問她。

「是的。」她堅定地說：「馬上寫。不要讓別人搶在你之前告訴他。」

當然，她是對的。我掙扎著把這個悲慘故事寫進便函：為什麼網站是我的，卻又不是我的，有人盜用了我的名字，我還得把它買回。到了晚餐休息時間，我會親自把便函送到典獄長辦公室，希望他能理解我是一個有價值的員工，且這種事情可能發生在任何人身上。也希望他讀它的時候不會取笑我。

我十歲時住在佛羅里達州梅里特島，當時的公寓有綜合娛樂室，我就在那裡上芭蕾舞。我很快學會了彎曲、上升和阿拉貝斯動作，領先了全班。我們還練習翻筋斗，我還學會後彎、螃蟹步、劈腿、頭倒立、手倒立以及側手翻。感覺除了在校時間，我幾乎沒有好好站直的時候。

我做了一個側手翻，雙手觸地後再翻轉站起，我彷彿變成了海星、風車，四肢都在活動。住在公寓二樓並沒有阻止我，雖然樓下的住戶對我發出的砰砰聲響必定不太高興。媽媽沒有禁止我，甚至沒有責罵我，也許她很高興看到我改變，看到我終於願意做些讀書以外的事。

有天，我在庭院練習側手翻，就是我們這棟樓與鄰樓之間的草坪，這時一些我不太認識的孩子經過，他們在談論口交，而我全都聽見了。於是我跑上樓問媽媽：「什麼是口交？」她告訴了我，而且話題一旦開啟，她就順便說起其他所有事，比我預期聽到的更多。

那時我對身體與性的唯一了解是我從爸爸的大學教科書上零零碎碎收集來的，那本書叫《今日藝術》（*Art Today*）。書中，我看到裸體雕像、衣著暴露的人像畫，通常是女人。但那本書沒有提到身體如何結合在一起。媽媽告訴我的內容讓我相當震驚，顯然爸爸、媽媽至少幹過四次這樣的事。她很好心地讓我知道，她其實很喜歡這檔事，但這也沒有幫助。最後我說：「我要收養就好。」我知道什麼是收養，因為我的表弟妹淇米、大衛就是被收養的。我一直猜測戴安娜嬸嬸是整個家族裡最聰明的女人，這想法如今得到了證實。

我側手翻離開了那場飯廳的對話，但我能這樣頭下腳上地逃避命運多久呢？我的朋友希拉莉九歲，已經有了乳房，她稱它們為「牛奶袋」（milk sacs），還說它們摸起來像軟皮球。有次她提議讓邦妮跟我去摸摸看，但我們不想。

所有我曾聽過的恐怖故事瞬間全部湧現腦海。其中一個是關於外婆諾妮的，她年輕漂亮的時候，讓人拍照作為明信片的圖像使用，那次她要滑水，一個大浪把她的無肩帶泳裝上半部都給沖了下來。我很想知道她為什麼沒有尷尬而死，然而她表現得很正常，像什麼都沒發生過。還有一次，學校裡一個女孩在廁所裡尖叫，兩名老師衝進去。當他們與她一起走出時，她已陷入歇斯底里，那天就沒有再回到我們的教室。其他女孩小聲說了些關於詛咒的話，我不知道她們在說什麼，我從沒聽過媽媽說「詛咒」這個詞，倒是聽過爸爸咒罵，而且很頻繁。

爸爸當時在做營建，在卡納維拉爾角建造導彈發射台，經常帶朋友回家。有一晚，他回家得很遲，後頭跟著芬恩·拉爾斯頓。在爸爸所有的朋友中，芬恩是我最喜歡的一位，他高瘦、禿頭、戴眼鏡、穿高爾夫毛衣、門牙微凸。芬恩·拉爾斯頓以一種我爸爸沒有的優雅觸動了我，其實他比較像媽媽，他們都很矜持，也非常有禮。芬恩·拉爾斯頓是這樣的人：他入座餐桌後會立刻把餐巾拿到腿上，吃雞肉前會小心翼翼把雞皮剝掉。若有成年人在小孩面前說髒話，他就會皺起眉頭。

我在家裡的工作之一是為爸爸與他的客人準備飲料，給爸爸準備蘇格蘭威士忌兌水，給芬恩的相同，只是淡些。我並不是挺喜歡這份差事，因為它讓我感覺像個僕人，像《太空仙女戀》（*I Dream of Jeannie*）[01]的珍妮，但我並不介意幫芬恩調飲料，因為他對待我的態度不像理所當然。我喜歡他的另一原因是他娶了艾莎，艾莎看上去比他大，很有母性，雖然他們並沒有孩子。

有天晚上他來作客，我差不多要睡了，但決定睡前再做幾次側手翻。我穿著睡衣做側手翻時會用些小技巧，把睡衣下襬拉緊到腳踝，這樣當我倒轉時睡衣下襬就會留在我腳邊，就像把一個紙娃娃顛倒過來，衣物並不會翻起。我只能在兩個地方運動：走廊或客廳。我選擇了客廳，我知道這樣做有其風險，因為這個小技巧並不是次次奏效，我的睡衣還是可能會翻起。但我並不擔心，它總是有效，怎知這次就會沒效呢？

芬恩·拉爾斯頓坐在擺了花紋靠枕的藍色沙發上，他的頭上掛了一幅藍色天際線的畫，爸爸、媽媽也坐在那兒。我在他面前練習側手翻時，他正忙著自己的事，喝著他的兌水威士忌。然後事情就這樣發生了：我的方法失敗了，或者說是我無法抵禦地心引力，整件睡衣翻起蓋到我的脖子上。諾妮告訴過我們，絕不要穿著內衣睡覺，她沒有說為什麼這樣不好，但我們從未質疑過她的指示，這類事情她是最清楚的。爸爸的一些朋友可能會喜歡這畫面，說不定巴不得想看，但芬恩·拉爾斯頓不是這種人。

我先是在倒立姿勢下模模糊糊瞥到他的臉，然後我站直身子，羞愧得臉紅，卻又有點異常地興奮。在極度震驚與完全來不及壓抑的狀態下，他張著嘴，又舉起手來摀嘴。好一陣子他不吭一聲，但後來他開始紅著臉喚我的名字。媽媽比芬恩和我更早恢復平靜，她立刻走進廚房拿了一盤薯條和加州洋蔥醬。

多年後，爸媽告訴我，當時大家都笑了，他們實在克制不住，但我不記得了，我只記得當時大家倒抽一口氣的聲音。「你知道黛比做了什麼嗎？」從邦妮到布萊德，不到幾秒鐘大家都知道此事了。它又從電話線傳到爺爺、奶奶耳裡，然後傳到諾妮那兒，有種痛並快樂著的感覺。我做了一件大家都在談論的事，我是個冒險家，這感覺很新穎，但它註定了會重複，儘管永遠不會再讓我感到相同程度的美好與痛苦。

我的職員用完午飯回來，想到了一個解決方案。製造廠裡負責木工和機械工程的獄友已經同意替我們建造一個旋轉舞台，只要他們的主管同意即可。我去找他們主管談話，然後看哪！建造開始了。我微笑起來，不只是因為我們解決了問題，職員還告訴我，製造廠的工人都很期待我們的年度演出，他們想成為今年這齣戲的一部分。

監獄本身就是一座城市，所以幾乎什麼東西都可以建造、修理或維護。我們有自己的鎖匠、水管工、建築師，還有醫生、牙醫、精神病醫生與心理學家。除了製造廠之外還有職業指導員，教導獄友各種技能，包括景觀美化、汽車維修保養、清潔服務、電子設備和機械加工。其中有些專案已經過時，之後會被淘汰，像修鞋、修縫紉機和乾洗。

我們的大樓旁就是清潔服務部，這是一個很受歡迎的職業專案。昨天，該部門的主管波因德克斯特先生問我是否可以借用藝術矯正的蝕刻工具，我告訴他沒問題。我們都用它來刻「AIC」——藝術矯正的縮寫。他說一名獄友告訴他我們有這個工具，他需要用它來替他的一些設備刻上標記，以免被竊。你不能在沒有授權批准的情況下把東西帶進監獄，因此從內部取得你需要的東西是較容易的方式。

「我一週之內還給你。」波因德克斯特先生保證道。

「沒問題。」

「非常感謝。」這位平時沉默寡言、相當端正的男士告訴我：「如果我能為你做些什麼，請告訴我。」

這可能是我們迄今最長的一次對話了，我們碰面時，我會向他打招呼，但僅此而已。我和波因德克斯特先生保持距離是因為他跟那個聲名狼藉的諾曼先生關係密切。據說諾曼先生從教師工會偷錢，也從監獄偷補給品。他是工會申訴和一一五表格的王者，一一五表格是員工用來報告獄友不當行為的表格。我每年會寫兩、三份一一五。諾曼先生是名老師，他一週就寫了好幾份。當然，這給獄友們帶來莫大的痛苦，但更讓管理部門頭疼，因為他們必須對每一項投訴進行調查，並決定是否必須採取進一步行動。不過，波因德克斯特先生畢竟是我的同事，我想保持我們之間的友好，也許有天我需要他的幫忙。

下午很快過去，我的職員們還在談論旋轉舞台——需要多少人來轉動它，要如何進行練習並把它裝組好。我讓他們去吃晚飯，自己準備前往東側設施。要給典獄長的便函密封在信封裡，存在感強烈到彷彿會把我的口袋燒出一個洞。

我要鎖上辦公室時，電話響了起來，來電的是托克森警官，他在工作換崗處——獄友進出教育大樓時都要接受檢查的獄警崗亭。他問我是否把蝕刻工具給了某名獄友。

「沒有。」我告訴他。

「我馬上過去。」他說。

他來到我所在的大樓，把蝕刻工具拿給我看。我解釋自己昨日把它借給了波因德克斯特先生。

「對，我們先跟他談過了，因為這是他一個學生拿的。」

「那他怎麼說？」

「他說是你把它拿給獄友的。」

我馬上澄清，把這東西拿給獄友會讓我丟掉工作。一個獄友能用這工具做什麼？把它變成電湯匙煮食？還是拿來刺青？

「我沒有。」我告訴托克森警官。

他拐彎抹角地告訴我，警官們已經知道是波因德克斯特先生幹的，因為他有不正當交易的歷史。我不知道那是什麼交易，也不想知道。

「謝謝。」我向他道謝並目送他離開。我被同事背叛了，我想大哭，但是不可以，我必須在典獄長辦公室關門前把手中的炸彈交給他。

我想讓他知道我是怎樣的人，不只是別人認定的那樣。

01 一部美國電視連續劇，自一九六五年播至一九七〇年。

XV. The Border

第十五章

邊界

二○○六年夏天，也就是亞歷杭德羅被驅逐到墨西哥三年之後，他在青少年看守所的詩歌老師致電給我，同時交給我亞歷杭德羅的電子信箱，告訴我：「他很想知道你的消息。」我發了郵件給亞歷杭德羅，他說他過得很好，我們互贈詩歌，偶爾互通電子郵件。我很難想像他是怎麼辦到的，但在二○○七年二月他說他在一家製造廠工作，同時自己也開了一家網咖，希望在那裡舉行詩歌朗誦會。他已經有電腦和網路，但找不到咖啡機和供應品。他還告訴我他有個女友，在考慮結婚，直到他看到她和另一個男人在一塊兒。「我們試著解決這問題，但我做不到，所以分手了。」他寫道。

到了八月他關掉了網咖，也辭掉工作，想著要去墨西哥東南部的坎昆找自己的兄弟。他已經失業近三個月，愈來愈絕望，走回過去那條老路的念頭閃過他腦海，但他並不想這麼做。我回信給他，告訴他我會祈禱他能在黑暗中找到光亮，他的詩至今仍在西側設施的畢業典禮上被朗誦。我寫道：「我相信你和你的才華，你註定要做更偉大的事……總有一天我會去探望你。」

在他寄來的下一封郵件中，亞歷杭德羅說他接了一份臨時工，會做到有其他目標出現為止。他得到兩場工作面試，但先前郵件中流露出的絕望情緒依然揮之不去。我必須去見他，親眼看看他是否安好。我對他充滿了母愛，他只比我兒子約瑟夫大一個月。我知道愛蜜麗對他也有母性情感，他先是她的學生，然後她才把他送到我這裡來。

愛蜜麗來我辦公室吃午飯的時候，我向她提出這計劃。如果交通不擁擠，提華納距離這裡只六小時的車程。

「他不是假釋犯。」我預料到她會反對，所以這樣說。除非有典獄長的許可，否則監獄工作人員是禁止與假釋犯接觸的。「他是另一個國家的公民。如果他現在還在這裡才算是假釋犯。」

「好吧。」她說。要把此事推銷給她並不難，愛蜜麗無法抗拒的其中一件事就是旅行，另一件事則是冒險。我發了郵件給亞歷杭德羅，告訴他我與愛蜜麗要去探望他，我們計劃在提華納市中心的一家飯店咖啡廳見面喝咖啡。這是一個美麗的十月週六近午時分，我們抵達位於革命大道的飯店。亞歷杭德羅現在是個非常英俊的男人，嘴唇周圍蓄鬍，一頭整潔髮型，介於平頭與過去的波浪嬉皮鬈髮之間。他身邊有一位美麗的女子，是他的新女友艾蓮娜。

喝完咖啡後，亞歷杭德羅說：「我想讓你們見見荷西，他是個詩人。」他開車帶我們去提華納的貧民窟，經過看來搖搖欲墜的彩色房子，周圍還有鐵柵欄。我們在其中一間屋前停下來接他的朋友荷西，他已在街上等候我們。接著我們前往亞歷杭德羅與艾蓮娜的公寓，家具很少，但乾淨整潔，有一個房間塞滿了以前那間網咖的電腦。亞歷杭德羅向我們解釋：「他不會說英語，我的西班牙語也不是很好，但愈來愈好了。」跟許多被驅逐到墨西哥的獄友一樣，亞歷杭德羅是在嬰兒時期就來到美國，他從未學過西班牙語。他在我那裡工作時，我鼓勵他至少在詩中使用西班牙英文。

「如果我卡住，艾蓮娜會幫我。」他說。

荷西看起來只有十二歲，實際上是十七歲，他講完一句話後會停頓一下，好讓亞歷杭德羅翻譯，艾蓮娜輔助。這位害羞的詩人讀了情詩，簡單而有說服力。

荷西念完後，我宣布：「他是詩人。」亞歷杭德羅翻譯這句話，荷西露出燦爛的笑容。這就是我們開車來此的目的，我們來為詩歌教會的新成員施洗，詩歌教會是個不分地域與語言的教會。

我第一次上大學沒有完成學業，等到我再回學校時已經快三十歲了。狄倫出生的時候，約瑟夫還在上幼稚園，而我成為米蘇拉的蒙大拿大學的學生。我的寫作老師非常棒，那段時間我的詩如花盛放。爸爸剛來蒙大拿探望我，他沒有帶媽媽一道，是自己一人飛過來的，只是想看看我過得怎樣。我帶他去旁聽幾堂課，把他介紹給我最喜歡的教授。我一直在研究我們家族捷克斯洛伐克的淵源，這讓他很吃驚。我是家裡唯一對父系家族歷史有興趣的孩子，國中的時候，捷克人在共產主義統治下大聲疾呼，要求自由，並推行了一系列改革，也就是後來大家熟知的「布拉格之春」。我還記得一九六八年蘇聯坦克和軍隊入侵捷克斯洛伐克，美國及其盟友沒有支持捷克斯洛伐克，姑息讓蘇聯加強了對該國的控制，當時爸爸非常痛苦，我告訴他：「總有一天我會去那裡，我要去找我們的親戚。」那時我們都沒有想到，不到一年捷克斯洛伐克的天鵝絨革命（Velvet Revolution）就結束了共產黨的統治，讓來自西方的人們能夠去這個國家旅行。

在大學裡，我的朋友兼詩人同伴麗茲跟我一起成立了名為「為人民寫詩」（Poetry for People）的社團，讓詩人進入養老院、受虐婦女收容所與各所學校。

後來我們想出一個文學研討會，名為「詩人的生活：培養社會意識」。我們希望找些可以成為榜樣的詩人，一些見證且進行社會運動的詩人。我們最先選定的是卡洛琳・福爾切（Carolyn Forche），她的祖父母也來自捷克斯洛伐克，她最近剛從薩爾瓦多回來，出版了關於薩爾瓦多內戰的力作《我們之間的國家》（*The Country Between Us*）。接下來是埃特里奇・奈特（Etheridge Knight），他因武裝搶劫入獄，坐牢期間開始寫詩。最後選擇的是C・K・威廉斯（C.K. Williams），他充滿激情，創作多半是關於政治的詩，這為他帶來極大名聲。問題是他住巴黎，所以機會可能不大。但我們還是申請了補助，並開始邀請前幾名詩人，問他們是否願意為我們辦閱讀會、工作坊，以及在公共論壇中服務。這些詩人都接受了我們的邀請，獎助金也發放下來了——真的開始了！差不多就是這時，我做了一個夢，夢見我在一個教堂裡，坐在聖壇附近，正在發放聖餐的神父請我幫助他。我很慌張，解釋說我並非天主教徒，但他叫我發給人們的是詩而非聖餐餅。在我的夢中，詩是神聖的。

我們這個研討會的部分策略是讓詩人走入社區，而不是把他們關進大學校園裡。畢竟「為人民寫詩」就是要把詩歌帶進這個世界，而不是讓人進到學校來聆聽它。我們決定讓詩人在社區環境中讀詩。埃特里奇・奈特在法庭上讀。曾任心理治療師的C・K・威廉斯在一家心理健康中心讀。數百人前來聽詩，聽詩人談論社會意識、黑人作家、監獄詩、見證的詩、作為治療的詩。在最後一次讀詩那晚，我和麗茲坐在一起，因為成功而興奮，我們讓它成真了！我們坐在聖公會教堂的長椅上，卡洛琳・福爾切走上聖壇前的講台開始朗讀。她讀了一首關於她斯洛伐克祖母的詩，然後又讀了一首關於薩爾瓦多的新詩。當她念出了這幾個句子：「心是身體裡最堅強的部分。溫柔則在雙手之中。」我覺得她是在對我說話。

我們去提華納的主要目的是確保亞歷杭德羅真的沒事。而他不只是沒事，還在蓬勃發展。他的其中一次面試成功了，他剛開始一份不錯的工作，在一家製造高階音響設備的公司的採購部門任職。我在他的電子郵件中感受到的絕望已轉為喜悅。我可以看出他深愛著艾蓮娜，愛蜜麗跟我都立刻喜歡上這位年輕女子，她美麗、聰明且獨立，而且似乎也為亞歷杭德羅著迷。我們還有幾天時間，可以在亞歷杭德羅的新祖國走走。過幾天，趁著愛蜜麗在提華納到處逛街替孫子們選購禮物時，亞歷杭德羅補充了一些先前沒有說的事。

五年前，把他送進洞裡的那次事件並不是他挑起的紛爭，而且當時也沒有武器。一位年長的北方派策劃了他自己的族群與亞歷杭德羅所屬族群（南方派）之間的爭端。諷刺的是，那傢伙自己卻沒有涉入紛爭，所以沒受懲罰。一到東側設施，亞歷杭德羅就被過去幫派的成員發現了，他們必須「懲罰」——也就是殘害或殺掉以前退出幫派的人。亞歷杭德羅到心理健康中心尋求庇護。「他們給了我一張表格，每個問題我都圈了『是』……睡眠有問題，『是』……你會聽到聲音嗎？，『是』……你想自殺嗎？，『是』。」我記得在東側碰到他那天，那時他蓄著長長的鬈髮。「所有詩人都能聽見聲音。」我當時這麼告訴他。

在心理健康顧問的幫助下，亞歷杭德羅有了安全空間，可以卸下盔甲，剝開層層自我保護，探索引發他憤怒的舊創傷，這就是治癒的第一步。他給了我一篇他寫的文章：

在開始的時候

我十二歲加入了一個街頭幫派，幫派成了我的家人，我的兄弟們總是照顧我，我一直都有地方住，有得吃、有得穿，也有女人。我很少在家。我開始用自己的生命信任著我的兄弟們，如果他們說某件事是對的，我就認為是對的，因為我相信他們絕不會做任何傷害我的事。所以當他們把我介紹給一個律師，而那人是個變童癖，且後來對我進行了性騷擾時，我接受了，因為我的大哥們說：「所有兄弟都會這樣做。」但我心裡某部分知道這是錯的。

我心裡很痛苦，憤怒火速滋長。我以前也不是什麼純潔無辜的人，但現在是完全失控了。我無所不能。十二歲的時候，我手邊就有一大堆GTA（俠盜獵車手）的案子，飛車追逐、持刀行兇，還有幾起襲擊案。我開始愈來愈興奮，建立起自己的聲譽。其他兄弟會來找我幫忙，要車，或是去收錢。我的童年沒了，從我手中被奪走了。我開始想自殺，多次直接面對死亡。我不害怕死亡，因為我的內心早已經死了。我是一個空殼，在敵人的地盤上跑來跑去，希望一顆子彈能結束我的痛苦，讓我安息。我想要一場盛大的葬禮，所有的兄弟都到場，最好的朋友抬著我的棺材。我想像他們會哭泣，最後我會感受到我渴望已久的愛。必須有人愛我，因為我恨我自己。

我始終沒被殺，但我多次進出青少年看守所。在裡面，那個律師對我做的事情總是浮現在我的腦海。我聽到其他人談論他們怎麼跟女友做愛，我也會講類似的事，但在我的腦海裡，我知道我唯一的性經驗就是跟那個猥褻我的老頭，我覺得非常羞愧。我常想，到了審判日我站在上帝面前，他會問我為什麼和這個老人在一起，所有排隊的人聽到這句話都會倒抽一口氣。我感覺自己既渺小又尷尬。

出獄後我媽搬回了家鄉，不是那個幫派所在的地方。我剛出來，想做對的事。我請媽媽幫我註冊入學，她帶我去學區，但他們說因為我有犯罪記錄，不能收我進他們學校。所以我們去了一所感化學校，本來一切看起來都很順利，直到服務台的女士發現我的報名表上沒有社會保險號碼。她問媽媽，我媽解釋說我沒有，因為我是在墨西哥出生的。那位女士很傲慢，開始對我媽媽大吼大叫，好像我媽是個智障一樣。她說我們是非法移民，一八七號提案剛剛通過之類的話。我媽試圖為我辯護，但她說英語時有很重的口音，加上我覺得很尷尬，就叫她和我一起走。我媽媽想為我而戰，但我說：「我們走吧。」

這類過去的憤怒在我的內心不斷累積。我告訴媽媽，我想做對的事，但體制跟我作對，於是我決定繼續做以前做的事。這個決定招來更多麻煩、更多案底，更多的青少年看守所時光。但這次我真的有跟一些女人發生關係了，其中一個成了我兩個孩子的媽媽。我再次被關進去時，她剛懷孕幾個月。我必須被關押十四個月，被送到弗雷德・米勒營。

到了那時，基於一些顯而易見的原因，我已經不再跟以前的兄弟求助了。到了那個看守所，我被安排睡在以前的一個兄弟旁邊。雖然我盡量跟他和平相處，因為我想快點出去，但我仍覺得他是我最大的敵人。有一天，他邀請我去夢鄉詩歌寫作班。我說：「詩？鬼才寫詩！」他的自我受到了考驗，他說：「老兄，只是去打發時間啊，暫時把一切都忘掉，很酷啊。」於是我就跟著去了。

那個幫派的人奪走了我的人生，我從沒想過有一天他們其中一人會把我的人生還給我……以鉛筆和筆記本的形式。

亞歷杭德羅的勇氣和沉著教我驚嘆。許多黑幫成員花了幾十年時間才想通亞歷杭德羅在青少年看守所裡弄懂的事：他們只是為一個邪惡的大型企業做事的卒子，所謂「家族忠誠」不過是個謊言。我遇到過一些獄友，他們都是在四、五十歲左右想通這一點，沒有一個像亞歷杭德羅這麼年輕的。退出幫派後，生存是個很大的問題，這就是為什麼會有像加州男子監獄這樣的「軟監獄」。亞歷杭德羅以退出幫派的身分在青少年看守所和監獄裡成功活了下來。但他告訴我，他還有幾項測試。

在加州監獄服刑結束後，他被安排坐上巴士，準備被送往邊境。當時車上還有他以前幫派的成員約十五名，他又是出了名的退出幫派者，乘車期間，他被銬在一個金屬籠裡。他說他們完全沒有跟他講話，只彼此交談。

當加州矯正與更生局的公車——獄友們稱它為「灰鵝」（Gray Goose）——到達聖伊西德羅和提華納邊境時，通往邊境入口的車門打開了。他們遞給他一個箱子，裡頭裝著他的個人物品，讓光著腳的亞歷杭德羅先跑十分鐘，然後才釋放他的敵人和其他被驅逐者。亞歷杭德羅一路跑到革命大道，在離我們見面那間飯店不遠的地方，他來到一家餐廳後側，從箱子裡取出他的拖鞋穿上。然後他找到了電話。他媽媽曾給過他一個電話號碼，對方是他素未謀面的外公。他打電話給對方，對方把他接回家。「我待了一天。」他說。我沒有問他為什麼不多住一陣子，只想像他的外公可能在做一些讓亞歷杭德羅感到不自在的事。

他必須想辦法活下去，並盡快學會這裡的語言。他很幸運，以前在青少年看守所的詩歌老師替他安排了一份包食宿的工作，就在提華納一家孤兒院裡。亞歷杭德羅在那裡度過了接下來的三個月。之後他四處奔波了一段時間，纏著城市的人力資源部門找工作。「他們一直拒絕我，因為我的能力超過了他們提供的大部分工作，但他們沒告訴我怎樣才能做更好的工作。」

他們是透過不給他低於他教育程度與能力的工作，試圖保護他、鼓勵他。最後，他進了一家 DVD／CD 製造公司生產線，到他辭職前，他一路做到工廠經理助理的位子。現在他有機會到新公司重新開始了。

亞歷杭德羅是在艾蓮娜的小影音出租店認識她的，他問她推薦什麼 DVD。當他還 DVD 並再租了另一片時，他問：「那你要不要做我的女朋友？」雖然他們交往還不算久，但他們似乎非常愛對方。

如果亞歷杭德羅穿越邊境回到美國，對他來說就是三振的犯罪了。他還能再見到他的媽媽和孩子嗎？我無法想像那種痛苦的分離。或許我可以想像，但我不想。

聖誕節前幾天的午夜，我從醫院病床上坐起，吃著我先生布拉姆留給我的糖霜餅乾。我無法入睡，因為我依然滿心敬畏，我剛生下了一個完美的小人兒，現在他在嬰兒室裡睡著了。雖然這個分娩過程很痛苦，有各種醫療干預和產後大出血，但我還是準備好要馬上懷孕，這樣我就可以再生一個。我真想站在病床上大聲歡呼。我想問我見到的每個人：「你看到嬰兒室那個漂亮的小寶寶了嗎？是我生的，他是今早從我身體裡出來的！」

正常女性懷孕期間克服了孕吐後就會容光煥發，而生完孩子後會開始憂鬱。但我呢？我討厭懷孕，整個人浮腫且沒有光彩，我討厭不停吃東西再把剛吃的東西吐掉，情緒起伏非常大，九個月的準媽媽憂鬱症在約瑟夫的頭探出來後就消失了。儘管分娩很痛苦，但我還是欣喜若狂。

我住在加州維克多維爾的一家小醫院裡。本來同房的另一個新手媽媽出院了，現在我獨自一人，有間自己的獨立房間，沒有訪客，布拉姆得回去工作。我在餵約瑟夫時，聽見小野洋子呼籲大家為約翰・藍儂默哀一分鐘。這一分鐘的靜默被約瑟夫吸吮的聲音打破。我看著他的臉，完全看不出一點布拉姆的模樣。他看起來像我爸爸、我爺爺、我弟弟與我。

我意識到所有關於哲學、政治、宗教、文學的一切，我該知道的，我都知道了。我發現這一點是因為我剛把一個人從我身體裡推進了這個世界，在這裡，他吸進了第一口氣。沒有什麼比這更重要了。我家桌上有本書的名字叫《所以你想成為一名作家》。應該有一本叫《所以你想成為神》的書，內容就是關於生孩子的，關於終極的創作：完美、真實與美麗。

約瑟夫出生的環境有諸多缺陷，但這一點也不重要，因為他是完美的。不完美的原因，除了世上有很多瘋狂的人在伊朗挾持人質、一個瘋子在約翰・藍儂的公寓外謀殺了他、選民選出一個牛仔電影明星當總統以外，他馬上要面對的環境也很混亂，因為我和他爸爸的婚姻出現了問題。但除了約瑟夫自己，這一切都不重要，約瑟夫正在努力挺過嬰兒期早期的各種風險，比如嬰兒猝死症、腹絞痛、白喉、破傷風、小兒痲痹症。

幾天後我離開醫院，已經變成完全不同的另一個女人，我成了把宇宙之間最大奧祕抱在懷中、放在心中、藏在子宮中的女人。

星期天，亞歷杭德羅和艾蓮娜來提華納的飯店接我和愛蜜麗，我們受邀去艾蓮娜父母家吃早午餐，她的父親是一名牙醫，母親是一名醫生，我們受到他們的誠摯歡迎。他們準備了許多美味的菜餚，主人夫婦非常親切，亞歷杭德羅和艾蓮娜對我們相當尊重，我和愛蜜麗身在一個充滿魔力的地方，一個老師很重要的地方。在早餐桌上，亞歷杭德羅公開談起那個戀童癖律師，以及他如何努力克服那段經歷帶來的陰影。他在提華納有找心理醫生諮詢，愛蜜麗和我交換了眼色，我們的眼睛說：「做得好！」

我們跟著他們全家——包括艾蓮娜的兄弟姊妹——擠進那輛家用廂型車，前去參加在邊境小鎮特卡特舉行的藝術節。雖然周遭環境相當貧困，但隨著我們沿公路向東行駛，整個鄉村似乎都迴盪著詩的可能性。我們抵達時，攤販正在收拾他們的戶外攤位，與一股正在醞釀著要帶來漫天黃煙的風鬥爭。我們躲進一家看起來有數千個平底鍋的麵包店，再又吃了起來。回到路上，消防車從我們旁邊駛過，天色漸漸暗下。該回家了。

當愛蜜麗和我離開時，大火似乎總在追逐著我們，先是特卡特附近發生的哈里斯大火，然後是聖蓋博的女巫溪大火。五號州際公路在我們離開後就關閉了，我們開上一〇一公路，在那裡又遇上塞奇威克火災，就在聖塔芭芭拉的家附近。但我們似乎被保護著，在高速公路上前行，這條公路會把我們帶回家，然後第二天就進監獄。

XVI. The Green Wall

第十六章

綠牆

那天在工作中，辦公室電話響了。致電的是新來的首席副典獄長，羅賓遜先生退休了，這令我非常沮喪。

「托波拉女士，你的戲裡有自殺的劇情嗎？」這個新來的傢伙對我吼叫。

「有啊。」我答道。

「現在沒有了，不准有。」他掛了電話。

這次的戲《最後的呼喚》（*Last Call*）是由我的一位職員撰寫的，故事發生在一家名為「牢籠」的夜店。主角是一位前途無量的歌手，名叫 Dream，他即將離開牢籠，而他必須在「假釋記錄」與他的老僱主「幫派管理」這兩間公司之間做出選擇。當然，公司都只是比喻，指的是很多獄友出獄後必須做抉擇。他們會回到犯罪的生活，還是努力撐過假釋？在我們的劇中，其他歌手都在跟 Dream 競爭「假釋記錄」的合約，其中一人叫羅比，他說他在牢籠待得太久，看不見明確的出路。當他得知他的母親去世並在電話上跟他的兄弟吵了一架後，他上吊自殺了。

幾天前，我們的一個演員帶著自製的絞索來排練。我把它和其他服裝道具收在一起，存放在藍色大樓，每天登記兩次——分別在我把它們帶去藝術矯正前，以及用完送返後。

這個演員是把一件舊T恤撕成條狀，再用咖啡染色。

輪第三班的中尉不喜歡我的節目，他一定跟上尉提起了此事，現在顯然已傳到首席副典獄長那裡。後來我得知，首席副典獄長和他的一位行政同事曾試圖從我的專案中將戲劇永久取消，立即生效，但典獄長助理班尼迪克先生阻止了他們。自我進入加州男子監獄以來，班尼迪克先生一直是我的典獄長助理。他看著戲劇節目從《藍色列車》開始大受歡迎，也見證了它多年的演變。到目前為止已有數千名獄友參與，或許是演出，或許至少看過一齣戲。他支持我做的事，因為它給了獄友未來的希望，以及發展任何戲劇作品都需要的生活技能。

愛蜜麗走進我的辦公室時，我還在對著電話皺眉。

「怎麼啦，托波拉？」她問道。

「我們的新任首席副典獄長剛剛叫我把自殺場景從劇中刪掉。」

我們決定去外頭吃飯。老師們下午四點下班，那是我一小時晚餐休息時間的開始。我的工作時間是週一到週四早上十點至晚上九點。因為光是進出監獄就會用掉一半休息時間，所以我通常都待在監獄裡吃我從家裡帶來的東西。

但今天我必須出去。我們為獄友們準備的第一個節目今晚就要開始，現在我要想辦法抽換掉自殺場景。愛蜜麗同意在我們最喜歡的墨西哥餐廳幫忙我一起找出可能的解決辦法。

我將大樓上鎖，打開離開教育部門的大門，等愛蜜麗出來後再重新鎖上。我們走過藍色大樓，進入控制室，在安檢的地方交出鑰匙、警報器。在小窗後工作的警官俯下身子把小單子遞給我，我注意到他脖子上的刺青。

愛蜜麗把鑰匙和警報器交出，拿到她的小單子後，我們開始了漫長步行，沿著走道一直走至停車場。

「那是怎麼回事？」我說。

「很多警官都有刺青啊。」她聳聳肩。

「但不是在他們的脖子上！還有那些剃平頭的警官。我真的很討厭工作人員把自己弄得跟獄友一樣！」

在監獄裡工作的人有兩種：監管者（獄警、行政人員）與非監管者（其他的所有人）。監管者的階層總是高於非監管者。我還沒看過很多非監管工作人員模仿獄友。多數情況下都是那些監管者採用獄友的模式。

餐廳離這裡只有幾英里，但我們各自驅車前往，因為愛蜜麗要從餐廳直接開車回家，而我還要返回監獄。

我一面吃烤起司玉米餅，一面向愛蜜麗抱怨：「你知道，這齣戲所有人都簽署同意過了，包括他在內。」

我甚至還跟教育部門的主管懷特先生提過自殺那一幕，他是我們的朋友麗莎退休後的繼任者。還有親愛的托克森警官，他負責在教育部門看管我們。似乎沒人特別在意這場戲。

「很明顯，副典獄長沒有看過劇本。」愛蜜麗說。

「應該沒人看過吧。」我悶悶不樂說。「現在怎辦？」

「你可以取消今晚的演出。」她建議道。

「我不要！」我否決：「也許這個角色可以產生僵直症狀就好，不要上吊自殺。」

「可以啊。」

「對，但實在太弱了。」

這是我們首次使用旋轉舞台的戲，我們決定把夜店放在中間，讓觀眾圍著演員坐。除了最後一分鐘的劇情轉折，這是一齣強而有力的戲，有三個天賦異稟的歌手演出夜店明星。

我知道對現在的加州矯正與更生局來說，自殺是一個敏感話題。在過去七年，監獄裡的自殺率翻了一倍。而這還只是困擾這個部門的眾多問題之一。監獄人滿為患，由聯邦政府接管。管理全州三十三所監獄的預算現已超過一百億美元。獄友們正在起訴加州，要求提供充分的醫療和心理衛生保健。而全州上下的「綠牆」（the Green Wall）醜聞更讓這一切雪上加霜。

在監獄系統工作的人會把「警官沉默守則」稱為綠牆。因為獄警身穿橄欖綠色的制服，與獄友的藍色形成鮮明對比。我原以為綠牆只是外號，後來有人告訴我，綠牆這個詞是由我們北邊一座監獄的一群獄警發明的。很顯然他們也成立了自己的幫派，有標誌、刺青、手勢和綠啤酒派對，規模很完整。

加州監獄系統經常成為新聞焦點，但通常都是關於有多少納稅人的錢被用來支持它。我在加州男子監獄工作前，有一個關於科克倫監獄（Corcoran）的大新聞，那裡關押著一些加州最惡名昭著的囚犯，包括查爾斯．曼森（Charles Manson）、席漢（Sirhan Sirhan）和胡安．科羅那（Juan Corona）。

九〇年代中期，科克倫的警員被指控舉辦「角鬥士日」（gladiator days），釋放敵對幫派成員（通常是黑人對墨西哥人）到監獄的院子裡讓他們戰鬥，賭誰會贏，有時甚至是至死方休。在某些狀況下，最後警員會開槍擊斃獄友來結束打鬥。《洛杉磯時報》（*LA Times*）和《六十分鐘》（*60 Minutes*）都報導了他們對角鬥士日的調查，當時就是警員沉默守則讓調查受阻。八名警員被控侵犯聯邦公民權利，最後全都無罪釋放。

不過，綠牆顯然是整個加州都有的現象。加州矯正與更生局（最近才增加了「更生」項目）的新首長要求，必須明確告知該部門近五萬名員工，CDCR 不會容忍掩蓋不當行為的警員沉默守則。任何工作人員若看到另一工作人員的行為與該部門之道德準則不符，必須舉報該同事，否則就會面臨革職的風險。

教育部門的工作人員收到了這資訊，其中包括一場 CDCR 新首長錄製的報告影片。愛蜜麗跟我坐在一起。影片發出可怕的警告後，我們交換了眼神。我們並沒有忘記，我們有自己的綠色牆壁，與去提華納有關。我揚起眉毛示意：「技術上來說，這事沒有錯。」她揚起下巴，噘著嘴唇像在回應：「我不會告密。」

在這次會議中，新的典獄長告訴我們他不相信監獄裡的教育，並引用了一項陳舊的研究，說在改造囚犯方面「沒有任何方法有效」。該研究的作者在意識到他幫忙建立的政治機器使美國的監禁狀態成了大規模的旋轉門後自殺了。

我們這些教育者離開在職訓練會議時感到憤怒、沮喪、意志消沉。我們不會在脖子上刺青，不會剃平頭，不會偷帶香菸、毒品或手機。我們（大多數情況下）試著把光明帶到黑暗裡。

「一定會很棒的，你的戲一向如此。」愛蜜麗說。

「因為獄友已經習慣東西被人強制剝奪，」我告訴她：「沒人會喜歡這樣，但這沒辦法讓戲劇停止。說得好像這對大局很重要似的。」

「是很重要。」愛蜜麗說：「願原力與你同在。」（May the force be with you.）[01]

托波拉奶奶——爸爸的母親——曾告訴我：「你可以告訴我任何事，我會永遠愛你。」這也許是我一生中收到過最好的禮物。奶奶總帶著一種悲傷的氣氛，就在她去世前，也就是我十六歲時，她告訴我她的母親在她十二歲時就去世了。但更糟的是她發現母親上吊在閣樓橫柱上。

我無法想像媽媽做出這樣的事，也很難理解到底是什麼讓曾祖母自殺。

四十六年後，我透過網路研究發現我的曾祖母患有電影《睡人》（*Awakenings*）裡描述的流行性腦炎，又稱為「昏睡性／嗜睡性腦炎」。在一九一七到一九二六年間，這種疾病影響了約莫一百萬人，使許多人處於僵直狀態，導致其中一些人自殺。研究人員認為這是一種罕見的鏈球菌促使免疫系統攻擊大腦，令許多受害者處於類僵屍狀態，症狀通常維持幾年甚至幾十年。

雖然奶奶跟我說過自殺的事，但家裡沒人談論它，就像他們不會談論我的曾祖父法蘭克的「農場意外」一樣，後來我才知道是一個波希米亞人打了他一頓，害他被送進精神病院度過餘生。

家母那邊也有一堵綠牆。我外公在二次世界大戰期間從軍，在歐洲他從未見過戰鬥。

他曾在德州駐紮一段時間，有次他寫信給家母，答應要寄一雙牛仔靴給她。她每天查看信箱，持續了幾個月甚至好幾年，但靴子始終沒有寄到。他再也沒有回來，他拋棄了家人死在康乃狄克州，但外婆諾妮總是為他掩飾，說他有多麼迷人，不提他在大蕭條時期拋棄她和兩個孩子，以及她接下來的人生是多麼努力養活他們。

於是演員沒有上吊，而是僵直性精神分裂了。沒有那麼戲劇化，但我們僥倖過關，因為劇本的其餘部分依舊相當精彩。發生在科克倫的事絕不會發生在加州男子監獄。但綠牆的病毒已經像流感一樣在全州蔓延開來，一些人因為這種病毒而倒下。

我知道我做的事沒有得到許多監管人員賞識。我想幫助人們——獄友們——獲得自由，工具是詩、音樂、藝術和戲劇。或許綠牆也需要一個詩歌工作坊，或許他們需要解脫，一種來自說出生活真相的解脫。

這對獄友而言很有效。

蜂鳥飛過鐵欄

當監獄樂隊演唱〈我將被釋放〉（I Shall Be Released），
一隻蜂鳥在鐵柵欄窗邊盤旋，
用尖鳥喙吸吮著
紫紅色吊鐘花的花蜜
薩克斯風吹奏者讓樂器哭號，
聽上去比在收放中哭泣的孩子還要悲傷。

任何人都能用牙刷製作刀柄，
用鐵絲或錫片來恐嚇同胞。
比起拿畫筆、號角或動筆開始創作，
屈服於厭倦，相信自己什麼也得不到、什麼也給不了
是較容易的。
有些人只在帶著縱橫交錯的地圖時才能旅行，
不像蜂鳥，拜訪一朵又一朵花，
心臟每秒鐘搏跳二十次，
前後左右地飛舞。

一名監獄詩人為在越南迷失的年輕人致悼詞，
他的聲音打破了四十年束縛。
人不能沒有戰爭，
就像蜂鳥不能沒有花。

牠腦中有羅盤，
磁性粒子把牠拉回甜蜜之家。
在一個古老傳說中，
音樂與詩歌之神變成了一隻蜂鳥，
飛到地下世界，在那裡
他學會了蛻變的祕密。

一名監獄藝術家將耶穌的衣服塗成黃色，
光環歪斜，一隻手抓著他的長袍，
另一隻手捧著一片紅色花瓣。
藝術家愛耶穌，愛他手掌中綻放如花的血，
這顏色使他成了創造者。

阿茲特克人看到蜂鳥時，

他們看到的是一名心跳快速的戰士
用色彩斑斕的翅膀擊退黑暗。
蜂鳥從人的身上吸走邪惡，留給人的
是對於美的渴望
以及看似完全靜止的飛翔技巧。

01 電影《星際大戰》中的經典台詞。

XVII. Yesterday's New Arrivals

第十七章

昨天新來的人

在監獄裡工作就像生活在卡夫卡的小說裡。我剛開始工作那時，一些警官來到了我的大樓，開始把牆上的藝術作品取下——那些海報大小的畫，是我之前的工作人員任職期間創作的，所有作品都被裝在壓克力的「無框架」畫框裡。

「發生什麼事了？」我問其中一名警官。

「我們要沒收這些東西。」他咆哮道。

「為什麼？」

「獄友會用它們來製造武器。他們可以把壓克力熔成非常鋒利的刀子。」

「好吧。」我說。我就是菜鳥，我知道什麼？

但一個想作惡的獄友又能怎麼做？拿著一幅壓克力裱框的巨大畫作離開我的大樓，穿過有警衛會搜查他的大門，再把它帶返自己的宿舍，就可以熔掉它了，這樣嗎？還是把畫從牆上取下，在我的大樓裡直接熔掉？這兩種情況都很難發生吧。

那我的工具間怎麼辦？裡面充滿鋸子、錘子、釘書機和刀片一類的東西，那些整天在監獄裡走來走去的獄友可以拿到各式各樣能立即使用、不需熔掉也不必進行任何改造的工具啊。後來我才發現，獄友們不需要冒險走出他們的宿舍尋找武器：鎖在襪子裡，石頭在襪子裡。而且熔掉牙刷比熔掉畫框容易得多了。

過了一段時間，我習慣了這個系統的特性。我在加州男子監獄的第一年，一個到監獄來教學的藝術家拉斐爾穿錯了顏色。你不能穿藍色、綠色或卡其色的衣服，因為萬一意外發生，你可能會跟獄友或警官混在一起。萬一必須開槍，警官必須知道該向誰開槍。不過管理人員沒有把拉斐爾拒於門外，而是發了一件橘色連身衣給他，再讓他進入教課。橘色連身衣是給新來獄友穿的，還有那些要進出監獄（接受醫療或是前赴法庭）的獄友。

拉斐爾住的地方離監獄很遠，所以我很高興他沒有被拒於門外，否則還沒上課就得轉身回家了。也許警官們喜歡他。他是個說話溫和、態度嚴肅的人。但也可能他們不喜歡他，說不定他們把這個解決方案當成是羞辱他的方式，是為了提醒他誰才是掌權者。也許他們並不關心萬一打鬧暴動發生，他可能被誤認成獄友。我不太知道到底該怎麼解釋，七年過去了，我還是不知道。

在寧靜的日子裡，這裡的生活有種夢般的感覺。一部分原因是沒有手機和網路，大家要使用老派的交流方法，面對面交談或者利用老式電話機。我辦公室的電話是一只米色的旋轉鍵盤電話機，八成是從我爸爸的時代就已擺在那兒了。

時間行進緩慢，除了有危機時，那種時候時間就像一聲槍響。如果我不小心觸動警報，就像有次我不小心碰到那樣按下了桌角的按鈕，一群警員會在幾分鐘內氣喘吁吁趕到，準備保護我免於受傷害。如果一隻緝毒犬在宿舍裡發現了違禁品，獄友的私人物品就會被以一種惡魔都會驚訝的方式搜查，翻查到慘不忍睹，而獄友也會在眨眼之間被帶到洞裡。

此外，幾天變成幾週、幾月、幾年。平日會有些季節性的例行公事，像是盤點存貨、訂購供應品、對獄友和工作人員進行肺結核和肝炎測試等。更讓時間彷彿重疊的是獲假釋的獄友離開了幾月、幾年，然後又回來了。在加州，60％到70％的獄友會在三年內重返監獄，相較起來高於全國的平均數值40％。而且多數人其實沒有新犯罪行，他們是因為違反假釋規定而被抓回，其中包括沒有通過藥檢、沒有告知假釋官新地址，或是沒有依規定與假釋官晤面。

獄友的回收讓監獄系統變得肥胖臃腫，讓獄友們認定自己能夠真正生活在外面的希望變得消瘦不堪。今年的戲劇就是要指出這個問題。《昨天新來的人》（*Yesterday's New Arrivals*）根據《李伯大夢》（*Rip van Winkle*）的故事改編。影片的主角是理查・李伯頓，簡稱李伯，在監獄服刑期間「沉睡」了二十年後獲得假釋。他在監獄沒有學到任何新技能，沒有上過任何課程，也沒有參加任何自助小組。李伯發現以前的街坊被購物中心與陌生的科技改造了，他必須決定怎麼適應一個把他拋在後頭的世界。最後，在讓他的兒子參與犯罪活動後，他又回到了監獄。

一開始，我聽到獄友們談論違反假釋規定回來的時候，實在搞不懂他們的行話是什麼意思。有一名來試鏡的獄友解釋他回來加州男子監獄的原因，他搖了搖頭說：「我得到一個新案例（a new case）。」說得好像他得了什麼流感似的。現在我明白了，你不必犯下罪行就可以回到監獄，你不需要真的做了什麼。

我爸爸在這裡工作時，情況一定很不一樣。我真希望能跟他談談，他十七年前過世了，也就是捷克斯洛伐克天鵝絨革命，以及劇作家瓦茨拉夫．哈維爾（Vaclav Havel）當選總統的一年後。哈維爾當選後幾個月，我爸爸就被診斷出鬱血性心臟衰竭（congestive heart failure）。我那時從蒙大拿大學畢業，與先生、兒子約瑟夫和狄倫住在阿拉斯加。

阿拉斯加冬季的黑暗像照相機的快門一樣閉合起來，白晝只聚集在短暫的瞬間。爸爸去就醫，醫生對他說：「查理，如果你有什麼事想做，去做吧。」他說爸爸只能再活六個月至兩年。醫生也告訴媽媽，爸爸的心臟衰竭了，他沒有辦法撐過手術。

爸爸打電話來，說他和媽媽要上來一起過感恩節。我感覺他不在我身邊已經有好一段時間了，去年他生日，我為他做了些哥拉奇（kolaches）[01]——奶奶安娜常做的捷克點心——把它們與一封信一起寄給他。當我在機場見到爸爸、媽媽時，我知道時間不到兩年了，甚至不到六個月。

以前爸爸會談政治，用拳捶桌，講文學給我聽，講些挖苦別人的笑話，也會逗逗孩子們。而眼前的爸爸好像連呼吸的力氣都不夠，他呆坐無語，十歲的約瑟夫彈吉他唱〈堪薩斯城〉（Kansas City）給他聽時他有醒過來。否則其他時間，他就喝他的威士忌，吃一些東西，然後試著入睡。他躺著睡不著，所以坐在躺椅上睡。我和媽媽走到廚房旁的小浴室哭了兩次。

一天下午，我和媽媽帶著五歲的狄倫溜出去，到附近的小公園玩雪橇。那個潔白冷冽的午後，我們拉著雪橇走上小山坡。狄倫和我一起坐下，每次我們大喊「咿喔！」就俯衝下去。媽媽獨自一人，她每次都比我們先走上山坡。過了一會兒，我牽著狄倫的手站在山腳，看著她滑下來。時間翻了一個筋斗，我看到的她像她仍是個小女孩的時候，在麻薩諸塞州老家的一個下雪天裡，她緊張而堅定地飛下山頭，飛向一片白茫茫。

我不知道自己是否真的認識家母。這些年，當我把全部注意力都放在爸爸身上時，她一直在那裡從未動搖，從未轉過身去。我把她的愛當成理所當然，這是否傷害了她呢？我想知道她小時候是否跟我一樣，她夢想自己的生活是什麼樣的呢？

很快我們必須回家了。我們又笑又叫興奮不已，那一個小時我們暫時忘記了家裡的爸爸正在死去。

在機場，我擁抱爸爸，與他吻別。我知道我再也見不到他了。

父母去世時正好不在監獄裡服刑的獄友是最幸運的，因為他們可以在父、母親去世前最後幾小時陪伴在他們身邊。對很多參加我專案的獄友來說，情況並非如此。他們被叫到監獄辦公室接聽事先安排好的電話，來自某一位家人，這個家人把消息告訴獄友，而監獄工作人員就在一旁看著。有時甚至連這樣都沒有，只派一個中士去告訴獄友：「你爸爸去世了。」

我能想像該名獄友竭盡自己全身上下每一分力氣，不讓自己在警官面前做出反應。通常，獄友在聽到這樣的消息後會來到我的辦公室，並問我他們是否可以在那裡坐上一會兒。除了狄蘭．湯瑪斯的〈不要馴然遁入那良宵〉（Do Not Go Gentle into That Good Night），伊莉莎白．碧許的〈一種藝術〉（One Art），或我自己寫的關於失去父親的詩之外，我還能提供什麼呢？

烏雲驅散了鳥群，
天空中的烏鴉因恐懼而蒼白。
我在你所能到達的
最北方，
並未離開這個國度
未來的不可預測，
就像冬至前的幾個小時，
人們消失在最黑暗的日子裡，
留下雪地上的鞋印，
或拖著白煙，靜止在雲端的機器。

我的長子患有癲癇
和遺傳性的悲傷，雙眼有時會一片空白，
就像在諾姆河岸上

發現的冰凍男孩的雙眼。
他無法控制失去父親的悲痛，
他迷失在模糊的記憶中，
等著我收回他的生命，
給他新的生命，
沒有痛苦，沒有黑暗。
我告訴他
我們有些人生來如此：
我的眼淚已經一百歲了，
問問那個才呼吸了十次，
就死在母親懷裡的孩子，
問問餵孩子們豬油三明治的母親吧。
我身體的每個細胞
都承載著祖先的悲傷，DNA 來自

那個用皮帶上吊在閣樓頂上的女人，
那個因為說另一種語言而被關押起來的男人。
空氣因它而沉重，
它箝制了他們的四肢，我的四肢。

有時我無法忍受：
天空見不得光，
大地凍結在陰影中，
直至夕陽血洗了它。
被死季的屍體所圍繞，
每一座山都接收不到愛。
而悲傷比這些山還高，
比黑暗的季節更長。
它不是個人的：它是個藍色冰川，分裂，

再分裂。

我父親無法活著
看到另一個這樣的冬天了，
提早降臨的黑暗減緩了心臟的跳動，
過晚出現的甦醒使一天永遠無法成形。
他的葬禮如此確篤
像柳葉菜宣告冬天的降臨，
總是太早，
悲傷每天偷走了幾分鐘，
直到每天只剩五小時的天光給我。
你知道為什麼我們要有蠟燭
細長的紅色火把與低矮的紅色殘段
在小屋的廚房裡：

它隨時都可能發生，
力量沒了，
孩子們害怕這樣的黑暗在彼此的身邊盤旋，
陰影籠罩著自己。
還有什麼能感到安慰的？有時，
一粒閃閃發光的晶體落下，
不是雨或雪，
純粹是被慈悲給點亮的光粒。

有時我的工作似乎太難忍受。我感覺自己就像一根避雷針，站在獄友和監獄系統之間吸收來自兩方的悲傷和痛苦。雖然我已漸漸習慣獄友的回收，但我不喜歡這樣。如果獄友們註定要回來，教育人員提供的一切幫助，讓他們為「外面」的生活所做的準備到底又有什麼意義呢？我們真的能造成任何改變嗎？我很確定一定有成功的案例，只是我沒有收到消息罷了，與假釋後的獄友持續聯絡是被禁止的，所以這些人一走出監獄就消失了。我有時還會想起歐皮，那個紳士搶劫犯，不知道他怎樣了。我會收到消息的只有那些又犯了罪的人，比如維克多，他強暴並殺害一個前途看好的模特兒。

過了很久後的某天下午，我接到一個假釋官的電話。我們再排練兩次就要開始表演新劇《昨天新來的人》了，所以我正在準備這個節目，我要用辦公室電腦製作，這得花費我幾個小時時間。超過七百名獄友報名要看這齣戲。

假釋官建議我去聖路易斯奧比斯保小劇場，他們為我保留了一張目前演出的票，等於是導演對我的讚美。我打電話到劇場時，導演告訴我，我以前的學生和職員薩德到他們那裡去毛遂自薦，自願為這部戲畫背景。面試中，薩德說他有戲劇方面經驗，但「都是在加州男子監獄」。

薩德是我夢幻團隊中最穩定的藝術家，幾年前，他在假釋前就已找好一份工作，說是要從蜻蜓身上取下翅膀。他成年後的大部分時間都在監獄裡度過，他在監獄裡發現了自己的繪畫天賦。他來我的專案工作時，我也讓他做布景設計。在我們的其中一齣戲裡，他設計的背景得到了跟演員一樣多的掌聲。在他假釋前，他告訴我自己從未想過會成為罪犯以外的人，但他已開始想像一種不同的生活了。

在藝術矯正裡他學會了合作。他的表演就跟設計、繪畫布景一樣好，他還會到我們的文學圖書館裡找書，甚至開始向我推薦小說。

有天他問我：「托波拉女士，你還沒讀過卡夫卡的《審判》嗎？」

「沒有，但我讀了《變形記》。」

他搖搖頭：「你一定要讀！」

我始終沒有抽出時間去讀。

我寫了一份便函，請求批准我去聖路易斯奧比斯保小劇場看演出，我有一位假釋的前職員會在那兒。便函中，我詳細記錄了假釋官打給我的電話，以及我與該劇導演的對話。當這項請求被批准時，我激動不已。

演出結束後，我和薩德握手，感謝他給我機會讓我得以了解他在監獄之外的生活，這肯定了我做的工作，代表它真的很重要。

翌日上班，我在藝術矯正的文學圖書館找到《審判》，利用午餐時間開始閱讀。有一段話好像精準描述了我的工作處境，深深打動了我，儘管它是在近一百年前寫下的：

無論多麼違背常理，一個人必須保持低調，並努力理解這個偉大的組織仍在維持著，可以說是一種微妙的平衡狀態，如果有人主動改變他周圍事物的走向，他正冒著失足與陷入毀滅的危險，而組織只需在其機制的另一部分作出一些補償反應，使自己恢復正常即可。因為一切都是相互牽連的，而且不會改變，除非——的確，這是很可能的——它變得更加嚴格，更加警惕，更加嚴厲，且更加無情。

我放下了書，開始哭泣。

01 一種以麵糰為主，佐以不同餡料的酥皮點心。餡料可以是水果甚至是奶酪，款式包羅萬有。哥拉奇本是歐洲中部甜點，現於美國某些地方也變得相當受歡迎。

XVIII. Something's Rotten in Denmark

第十八章

丹麥來的爛東西

去年——二〇〇七年——我赴歐洲參加了一個監獄教育研討會。雖然我有做一場關於加州男子監獄戲劇演出的報告，但出差費是我自己付的，還得請幾天假才能參加。我的新主管一直把這次出差稱為我的「假期」。儘管如此，看到英國、愛爾蘭、法國、西班牙、丹麥、匈牙利和其他國家的同行做的事還是令人精神一振。在大多數國家，藝術是監獄規劃的其中一部分，我沒有遇到任何一個藝術從業者跟我一樣覺得自己像在教育部門邊緣工作的繼子，完全不受重視。

我現在的主管丹頓先生——他是職業教育的教師——一路從拖地做到管理人員和文書工作。他一逮到機會就告訴我，加州資助藝術矯正根本就是浪費錢，雖然整個加州的藝術部門預算不過是 CDCR 總預算的一小部分。根據丹頓先生的說法，之所以認為這是浪費錢是因為獄友出獄後，這樣的參演經驗並不能幫他們順利謀職。我很想說：但是學習團隊合作可以幫助他們保住工作。我可以滔滔不絕提出一堆理由來闡明藝術對獄友的重要性，但跟丹頓先生爭辯是沒用的。

這次研討會正是我所需要的，它能夠確認我做的事情的價值。我還遇到另外三個在監獄裡教授戲劇並促進演出機會的藝術家：一位是在監獄裡教莎士比亞的美國人，一位是表演原創作品的愛爾蘭人，還有一位則是喜歡實驗劇場的丹麥人。能夠看到他們的作品範例，並與他們交流監獄表演的挑戰和回饋，真是很美妙的經驗。

來自丹麥那位叫佩特，他對我在演講投影片中展示的演員印象至深，於是主動提出要來訪加州男子監獄，並免費帶一場工作坊。「我和丹麥王室有些關係，」他曾對我吐露：「資金不是問題。你知道，我和安妮—瑪麗一起上大學的。」

「安妮—瑪麗？對不起，我不知道她是誰。」我說。

「女王的妹妹。她是丹麥的公主和希臘的女王，雖然在她丈夫捲入了那一場骯髒的交易、政變和所有醜聞後，她已很久沒有住在希臘。他們現在住英國。」

「哦。」我回答，心裡大吃一驚。佩特是一個留著八字鬍的矮胖男子，就像一股由想法、八卦與計劃所形成的旋風。我們討論把工作坊安排在明年春天，並交換了聯絡方式。

幾個月以來，我一直很期待佩特從丹麥過來。我們透過電子郵件與幾通電話保持聯繫。他告訴我，他為我的學生創作了一齣新的實驗劇場作品。而且引起丹麥其他名人的興趣，他們想加入我們這個開創性的專案。這消息令我非常激動！

我不禁幻想這部作品將在某種程度上拯救全加州的監獄藝術。隨著加州監獄愈來愈擁擠，預算不斷膨脹，沙加緬度的政客們業已磨著屠刀尋找肥肉。藝術矯正專案很有可能被從監獄預算中刪掉。因此，這部國際戲劇作品也許會吸引大量媒體關注，讓那些預算劊子手放過我們。

我也很期待佩特的陪伴。自從五年前我們失去了對約聘藝術家的資金支持後，我就一直是個獨自一人的部門。我想跟這個志趣相投的人共事一個月，和我一樣相信監獄裡戲劇的力量的人，一個對自己作品如此有信心，甚至願意自費來此的人。而且我想做他在丹麥做的事已經很久，他為獲假釋在外也想繼續參與戲劇的人創建了一個專案。我迫不及待想問問他的意見，這是夢想成真。

等到佩特終於來了，我的美夢很快變成惡夢。不到幾天，我就發現他有多麼難伺候、刻薄與自戀。他很顯然已經習慣了在丹麥受到的皇室禮遇——因為他認識女王的妹妹。佩特不斷提到丹麥皇室的名字，當然這些名字對我來說毫無意義。

在佩特的第一週結束時，我已完全不喜歡此人。我也不是很喜歡他的實驗劇場作品，這作品是著名詩人名篇的結合體，他稱其為《核心難以支撐》（*The Centre Will Not Hold*），根據的是葉慈的〈二度降臨〉（The Second Coming）。雖然我很喜歡這首詩，但它的主題很沉重，也有些憂鬱。

佩特的客座藝術家要到排練和演出的最後兩週才會來，所以在我們相處的頭兩週，我每天都得忍耐十個小時。我們會在休息時間共進晚餐，我喜歡吃墨西哥玉米餅、炸魚薯條或薄皮披薩。而他似乎靠吃鹹甘草糖維生，就放在他那件袋鼠船長式外套的左側口袋裡。在我吃飯時，他滔滔不絕說著丹麥的君主制，從第二天起我就不再聽了。我祈禱這一切結束，祈禱上帝以一種盡可能少流血的方式把此人從我的生活中除掉。

在這裡的八年，我很努力在監獄的小角落裡建立起一種平靜而穩定的存在感。我尊重別人，不跟監管人員爭論，也不對獄友施加壓力。我通常的做法是溫言婉語溝通。然而我可以對一首詩或一齣戲展現熱情，也可以在音樂選擇方面要獄友服從我的意見，因為我確信我有完美的歌曲，包括我們的戲《藍色列車》中的〈監獄搖滾〉。還有，如果我覺得一個獄友威脅到我們的專案，我毫無疑問可以把他踢得遠遠的。

很顯然，佩特在丹麥監獄的做法跟我不一樣。他對我們的監管人員表現出輕蔑態度，好像進出監獄的例行公事是強加在他身上的無意義擾亂行為。有一早，看守廊道的警官要求查看佩特的公事包，佩特一邊打開它一邊怒視對方。

當我們沿廊道繼續行走，我解釋說這都是標準流程，他們並非針對他。佩特嗤之以鼻地說：

「在丹麥他們不會這樣。他們用狗。」

「狗？」

「對，狗。」他不耐煩地說：「如果他們是認真要找毒品，他們會在入口處安置緝毒犬。但他們沒有，不是嗎？當然，那是因為大部分毒品都是跟著警員一起進來的。」

獄友們似乎比我更喜歡他。這是一齣非常講究體能的戲，佩特要他們滿足他的要求。他讓他們做伏地挺身（這是常年的監獄訓練），還有弓箭步、深蹲、用想像中的武器進行劍戰，以及搭建人體橋樑與金字塔。

他對他們既諂媚又專橫，承諾要讓丹麥女王來看他們演出。這次的演員中有一個高大的白人，高約一百九十幾公分，長著一頭金色長髮。佩特稱他為「我的維京人」。有些白人對此感到特別興奮。他們認為自己是日耳曼新異教徒或古挪威神話的信徒。眾所周知，日耳曼新異教徒大多是白人至上主義幫派成員。當我向佩特解釋這點，並請他不要使用「我的維京人」這種暱稱時，他對我翻了個白眼。「真的，佩特，正如你自己所見，這裡的情況跟你們不一樣。」

這句話觸發了他，他開始滔滔不絕講述丹麥的監獄系統。

「你知道美國監禁的犯人數量是丹麥的十倍嗎？」他問。沒等我回答又繼續說下去。「我們沒有這些牆，沒有這些圍欄，沒有被畜生搜身的這種事。還有，你們有多少犯人又回來了？」

「我們有60％到70％的累犯率。」我有些怯懦地回答他。

「70％！」他朝我吼道：「在丹麥只有27％的人又回來。知道為什麼嗎？我們相信正常化而不是懲戒！」

我發現自己處在一個詭異處境，我竟要為我的監獄、加州矯正與更生局以及我的國家辯護。「嗯，我們確實有規範化的領域，我認為藝術矯正就是其中之一，這裡也還有許多學科教室、職業教室和教堂。」

我說出監獄裡所有的發亮光點之後，佩特只是嗤之以鼻。

有個獄友職員不喜歡佩特，因此拒絕參加演出。我的其他職員都在忙著製作，其他的獄友也已經登記了。我問以利亞·萊特：「為什麼呢？他大老遠從丹麥過來和你們一起工作。」但以利亞只是搖搖頭，說他不想跟這齣戲有任何瓜葛，也不想和佩特有任何瓜葛。

每天都用來排練。如果佩特能把鞭子帶進監獄，他會非常樂意，他會快樂地抽著鞭子，告誡獄友們再努力些，再深入些。佩特告訴我，如果以利亞不參與，他也不想讓以利亞來藝術矯正：「只有演員應該出現在這裡。」

「他一定要在這裡，佩特。這是他的工作任務，而且他是我的領班。」領班就是我最重要的助手。我有過很好的領班，也有不好的。以利亞．萊特是我在這裡最尊重的人之一。尊重，是這個監獄裡的黃金標準，很容易看出來。以利亞得到獄友與工作人員雙方的尊重，他以一種很少有獄友能做到的方式獨樹一幟。他已超越了他的監獄藍調，在一個幾乎不可能做到的環境中成為一個完整的人。我不會讓他走的。

佩特噘起嘴，我怕他會大發脾氣。這傢伙是個隨時可能爆發的麻煩，我希望可以把他送回丹麥，但又不知該怎麼做。那種認為我能掌握自己命運的想法已經離我而去。有人會從莫名其妙的地方突然出現——像是丹麥，然後一把將你拋向未知。

事情發生的時候，我已經在特哈查比的監獄裡工作了三年。我的生活有一定的節奏。我喜歡教我的創意寫作課，我也在德拉諾的北克恩州立監獄工作，離特哈查比約一個小時路程。我剛加入小鎮上一群女藝術家的團體：一個歌手，一個畫家，一個平面設計師。我們都是單親媽媽，孩子都還在上小學和國中。我蒔花種菜，騎著自行車在城裡轉悠。我也一直定期發表詩，我喜歡看到自己的名字是這樣被印出來的。然而，我的名字卻出現在報紙的一篇文章中，地點是柳泉：「週一下午，一名特哈查比女性的車輛被一輛拖車從後方追撞，幸而該女性沒有受重傷。」

救護車把我送到蘭開斯特的羚羊谷醫院。我有腦震盪與頸部揮鞭症。媽媽在蘭開斯特工作，她把我帶回家，醫生囑咐她讓我服用止痛藥，每小時叫醒我一次，問我的名字、地址還有現在總統是誰。雖吃了止痛藥，我的頭還是像不和諧的管弦樂隊一樣砰砰作響，睡眠是我擺脫疼痛的唯一方法。在做了幾次測驗後，我厲聲對我可憐的媽媽說：「我已經回答過這些問題了！」

公路巡警在事故報告中寫道：「拖車司機於第九〇街往北行駛，行進方式就像從地獄裡飛出來的蝙蝠。拖車撞上該輛汽車，把它撞到十字路口，汽車起火繼續向北滑行，偏離公路後撞上一棵樹。」

我後來知道這個拖車司機是一個安非他命上癮的自僱者。他沒有保險，但他也是那個把我從燃燒的車裡救出來的人。他害我差點喪命，這讓我大受驚嚇，但我也很感激他救了我。我在監獄裡跟學生們一起工作就是這種複雜的感覺。我可能會對他們的罪行感到恐懼，但也會真心讚嘆他們作品中的美。

公路巡警的報告還提到：「她認為自己是在回家的路上，但不確定。」事故發生後，我對很多事都不確定。我有好幾週不能直立行走，起初我每天去看脊骨神經矯治師，然後變成每兩天去一次，兩個月後再逐漸減少到每週兩次。

我也沒有辦法把話說好。我說不出「托潘加」這詞，這是我們家貓咪的名字。我兒子約瑟夫很擔心我，因為他知道我是個愛說話的人。有次他說：「媽媽，鬼蛋搗！」這花了我幾分鐘，但我終於明白了，並回答：「搗蛋鬼。」它是我們心愛的狗狗的名字。

也許這次事故最令人痛苦的結果是我認為自己的心神被撞向身體微微偏左的地方，我沒有別的辦法可以解釋這句話，我只知道我現在的生活都不一樣了。事故發生的地點始終纏繞在我心頭。

柳泉離特哈查比約二十五英里，就在我家和爸爸埋葬的蘭開斯特墓地的中間。幾百年前，印第安人到這地方取泉水，後來驛站馬車停在那裡，最終是一個度假勝地蓋了起來。一九五〇年代，爺爺、奶奶租下了這間小咖啡館。我不知道他們經營了多久，但根據家族故事，爺爺把太多食物免費給出去，所以經營不善。柳泉差點成了我的喪命之所，這似乎是個預兆。

我記錄夢境日記有段時間了。爸爸去世幾個月後我做了個夢，夢見《綠野仙蹤》的作者法蘭克．鮑姆（Frank Baum）出現在我床邊，告訴我有人想跟我說話。「是我爸爸，對不對？」他點點頭，我跟著他到了一個地方，我找到了爸爸，他既不年輕也不老，但非常健康且十分平靜。

我們坐進一張小方桌，有點像《與安德烈晚餐》（*My Dinner with Andre*）裡的那張桌子，那是我很喜歡的一部電影，我還曾要爸爸陪我一起看。電影結束後，他問：「這到底是什麼鬼東西？從頭到尾他們就是在對話而已。」

「這就是為什麼我覺得你會喜歡它。」我回答說：「我們所做過的一切也就是這樣而已。」

夢裡，我們沒有談論《與安德烈晚餐》，我們就是《與安德烈晚餐》。不知怎地，爸爸能把宇宙的祕密傳授給我，這就像要在一堂課裡把幾何學或希臘語學起來，但最終我理解了讓一切運轉起來的複雜程式。當然，醒來後我記得所有事，除了那個祕密程式。

所以我只能如常地繼續我的生活，沒有對於崇高至善的堅信，不知如何掌握虛無縹緲的完美。我必須返回到我們所說的現實生活。但現在，現實生活似乎非常脆弱，是可以在瞬間就毀掉的東西。

當佩特的其餘工作人員到達時，我才真是麻煩大了。他們的成員有：阿斯特麗德，一個天真無邪的丹麥女演員，希望在美國被發掘；史蒂芬，一個英俊陰鬱的打擊樂手；希爾達，一個年長且有些名氣的冰島鋼琴家。佩特說服他們來到美國幫他在監獄裡製作這部劇。我不知道他付了他們多少錢，也不知道他這次冒險的預算是怎麼來的。反正不是來自我的預算，這點很肯定。

佩特那種不屑一顧的態度感染了他們，他們進出監獄也很不尊重監管人員。他們在我的大樓裡嬉鬧，就像剛學會走路的孩子在尋找最新的玩具，只有史蒂芬例外，他對自己的藝術很認真。我的大樓裡有許多房間，我實在沒辦法確定我不在場的房間裡發生了什麼事。

不久之後，我聽到希爾達讓一個好色獄友吮吸腳趾的傳言。而阿斯特麗德的丈夫不育，她向一個很快要假釋的獄友華金提出請求，要對方當她孩子的父親。你怎知什麼是真實的，什麼又是獄友幻想的？

我考慮去監獄管理部門，告訴他們：「我犯了一個可怕的錯誤。」但自從幾年前副典獄長打電話來叫我拿掉《最後的呼喚》裡的自殺情節後，我就覺得他們在找各種藉口來結束我的專案。我不確定我能相信誰，監管人員和非監管人員之間的界限就像霓虹燈一樣不斷閃爍。我與一些監獄管理人員關係良好，但這能蓋過他們之間的兄弟情誼嗎？而且現在藝術矯正已經擺在加州預算的砧板上，我不想火上澆油。

此外，我對尋求幫助有很大的障礙。一部分原因來自於我是家中的老大，在一個經常處於自動駕駛狀態的家庭中，如果弟弟、妹妹出了什麼狀況，即使是我無法控制的事，我也會自覺有責任。另外一部分原因是驕傲，我不喜歡承認失敗，尤其是那些從一開始就是我的主意的事。其實不是我的主意，是佩特的，但我熱切地同意加入。現在我咬緊牙關，決心要把這件事解決。

當表演結束，佩特接受了當地電台的現場採訪，雖然典獄長和公共資訊官都曾警告他，監獄的演出不能做廣告，但他還是向整個社區發出了邀請。訪問還在進行中，我就接到了公共資訊官的電話。我能說什麼呢？當時佩特和我都在典獄長的辦公室裡，他親口同意不會這麼做了。

所以現在我們有一個房間，裡頭擠滿了好奇的訪客，很多人並不是我們監獄的常客。在他們提交了許可文件後，管理部門做出讓步，讓他們進來。他們本來可以拒絕的，但州立監獄畢竟是由納稅人出資營運的，人們可能會抱怨說他們是從收音機裡聽到這事，但典獄長又不讓他們進去。一群全神貫注的觀眾看著一個獄友朗誦著：「**迴旋復迴旋，於益加擴大的漩渦／獵鷹聽不見放鷹的人／一切都崩落，再無核心可以支撐**」。就在「**無核心可以支撐**」這句話出現時，演員們搭起的人體金字塔突然崩塌。

那位之前被稱為「我的維京人」的獄友插話道：「**這麼多東西都要靠著／一個紅色輪子的／手推車／雨水沖刷著／旁邊白色的／雞。**」

接著，演員們開始揮劍，大家齊聲朗誦：「**亮出了他們所有的刀／當他們在空中轉身／槍炮一閃／衝向敵軍／整個世界都在驚嘆／在硝煙中縱身一躍／穿過他們破壞的防線。**」

觀眾被這奇觀迷住了，但我沒有，我發現一件教人感動的事：佩特向丹麥詩人英格・克里斯坦森（Inger Christensen）致敬，把她的作品搬上了舞台。

我覺得她的詩句就像直接對著獄友們說話：「**已經在大街上／手裡捏著我們的錢／世界是一幢白色的洗衣房／我們在那裡被煮／被擰／被曬乾／被熨燙／被抹平／被拋棄／我們在孩子們的夢裡／一掃而空／鐵鍊與監獄裡／發自內心的嘆息／自由。**」她也像是在對我說話。自由。這也是我想要的。

XIX. Black and White

第十九章

黑與白

藝術矯正這座燈塔正在失去它的照明來源——美元。州長阿諾·史瓦辛格兩年前——二〇〇六年——再次當選時曾承諾要「炸掉黑箱」（blow up the boxes）。他確實炸掉了某樣東西，但好像是監獄系統。他剛剛宣布加州短缺了八十億美元，這筆錢經一名聯邦法官裁定，是改善（平均每天都有一名獄友死亡的）州監獄醫療保健的必要資金。

監獄裡的氣氛黑暗而陰鬱。也許在某程度上，每個人都知道該結束了。加州不能只是繼續建監獄，把每個人與他的兄弟都關押起來，我們負擔不起。也許我們全都在等待那把斧頭砍下來，包括那些年薪六萬美元（遠高於其他州）的警員們。

加州可以砍掉的一筆支出就是藝術矯正，不到預算的千分之一。儘管這個專案已被證明在降低累犯方面確有成效，它還是個很容易下手的目標。懲教人員的孩子在學校裡都沒有藝術課程了，為什麼獄友還應該要有呢？

這陣子，在大衛·林區式的（David Lynch-like）[01] 監獄氛圍中發生了一些奇怪的事。我的辦公室有一扇窗，我大部分時間都讓它開著，這樣我就可以欣賞窗外停在懸星花藤上啜飲花蜜的蜂鳥。一定是某個教育課程的學生或景觀美化職業課程的工人某天趁我不在從那扇窗爬進來，從我桌子最底層抽屜偷走了茶和一塊瑞士三角巧克力。

然後六把口琴從音樂室裡消失了，出現在院子裡出售。我的一個職員告訴我，是一個叫「狼」的獄友在賣這些東西。這個狼是佩特的寵物之一，他負責為《核心難以支撐》作曲。狼可能是在我們某次排練時偷了口琴，為自己創作的音樂賺一些錢。最後，我只能一間一間宿舍去找，但當我請宿舍管理員翻查狼的儲物櫃時，只找到了四把。

我決定，我在這裡的時間到了。我已想了很久，這年年底就要退休，屆時我在加州男子監獄教學與管理藝術矯正專案就累積九年。我想推動「詩的正義行動計劃」，這是美國第一個為更生人設計的戲劇專案，我已經召集了一個委員會。

我會想啟動這個非盈利專案，一部分動機是希望讓假釋中的獄友有機會體驗監獄裡參與藝術矯正的獄友都在做什麼。但另一個強大的動力是要把我們在藝術矯正裡做出的作品推向世界。

每一年，我都能邀請一些社區成員來參加我們的年度演出。除了聽過佩特的電台訪問而受邀的觀眾外，來賓們必須以某種管道得知我們的戲，意思就是，他們通常是我或愛蜜麗的朋友，或是社區裡的劇院工作人員。這些外頭的觀眾大抵都受這些表演的力量和美所震撼。如果社會大眾能看到我們的演出，聽到獄友在花絮訪問中講述這個過程如何改變了他們，那該多好。葛藍和艾比的紀錄片將有助於實現這一點，從上次他們拍攝《地球上的哪兒？》的彩排和演出迄今已逾四年。這部紀錄片目前正在進行後製，暫定名為《監獄：音樂劇》（*Prison: The Musical*）。值此同時，詩的正義行動計劃會讓加州中部海岸的觀眾認識這個有前科者組成的劇院。

但現在我們正在排練監獄裡的最後一齣戲《將軍！》（*Checkmate*），它談的是監獄裡的種族政治。劇中，年輕的佩德羅開始時很遵守兄弟們教他的罪犯法典。然而他愈來愈不適應那些限制他與其他種族獄友接觸的規定，於是他向獄友赫克托爾尋求建議。赫克托爾提出了另一種觀點，用西洋棋作比喻。最後，佩德羅藉由給一個黑人獄友食物來宣布自己的獨立。

雖然這齣戲是由協同劇作班一起創作出來的——我的職員以利亞．萊特是主要作者——但我必須在我們做的每件事裡留下我的印記。像往常一樣，我手中又有一場戰鬥。我認為院子裡的打鬥場景要用精心設計過的動作，但他們不同意。「托波拉女士想要我們跳芭蕾！」扮演佩德羅的演員驚呼道。

「嗯，精準地說，不是芭蕾，但對啦……有一點像芭蕾。」以利亞．萊特翻白眼，我朝他微笑，甜甜地說：「我必須堅持。」最終他們都改變了看法，他們優雅的動作與我們習以為常的醜陋庭院暴力形成了強而有力的對比。演員們喜歡這部劇，因為他們相信它傳達的資訊。他們尊重以利亞・萊特的領導能力。

以利亞開始為我工作的時候，我不明白他為什麼不願意在會議中發言，我們所有職員早上會聚集在一起，共同規劃一天的工作、發想新劇本或討論需要解決的問題，比如口琴不見了。

最後，我把他叫進我的辦公室，關上門。「萊特先生。」我說：「開會的時候你怎麼都不說話呢？你非常聰明，我知道你有很強的主見，所以我實在不明白。」

他沉默了半晌，最後坦白：「對不起，我真的沒有跟那麼多白人說過話。」

「什麼？」

「我的意思是，在商店或加油站的時候，對，但你知道我意思。」

「哦。」

我不知道該說些什麼。突然，我彷彿被送回佛羅里達——我上小學的地方——我的班上沒有黑人孩子，除了那個超級運動員羅蘭。我記得三年級的時候，我在路隊指揮，看到一個白人駕車經過，副駕座位癱著一個黑人。一九六〇年代的佛羅里達州種族敵意何其明顯，以至於我確信白人做了什麼傷害車裡的黑人，我還特地跑去校長辦公室報告此事。

「好吧，」我說：「我明白。但我只是想鼓勵你說出你的想法，你有很多好主意。」

過了大約一個月，他才開始在會議中發言。現在，他還會每天跟《將軍！》裡的一個演員一起散步，那演員是白人，我對這個轉變感到興奮。我們正處在種族癒合的季節！

我的職員團隊由四個黑人、兩個白人與一名拉丁美洲獄友組成。以利亞仍然是我的領班，他和丹尼．格雷、博恩斯．貝利都是黑人，他們之間關係融洽，但這種融洽氣氛就沒有延伸到傑克．布魯克斯身上，他們稱他為白人，儘管他和他們一樣是黑人。

有天我終於直接詢問他們，丹尼告訴我：「他說話就像白人一樣。」

「他表現得也跟白人一樣。」博恩斯補充。以利亞什麼也沒說。

「你們的意思是說他沒在街頭混嗎？因為他有上大學，他就變白人了？」我問他們。

「對。」他們都回答，但不是同時。

「這裡有個問題。」我告訴他們：「這是關於教育。你不能因為別人受了大學教育就拒絕他們！」

「什麼時候受教育表示你說話就要像白人一樣？」博恩斯問。

「嗯，我不知道這問題的答案，但我只想請你們欣賞布魯克斯先生和他的成就。」我就講到這裡。

而為我工作的白人莫．墨菲和「黑豹」皮特．派瑞，都是不太健談的藝術家。華金．阿爾薩是個演員和思想家，他說話相當謹慎，像個法官一樣深思熟慮又有智慧，就像我請他在戲中扮演的角色。在練習期間，我告訴他：「我看得出你可以成為一名法官或教授，你可以成為任何你想成為的人。」他向我致謝，但我不確定他是否相信我。

我剛教完一個為期六週的專題研討，內容是關於種族與文化。黑人、拉丁美洲人、美國原住民和白人獄友全都參加。每星期我都會播一集《黑．白》（*Black. White.*），這是一個真人實境節目，由冰塊酷巴（Ice Cube）和R．J．卡特勒（R.J. Cutler）製作。這個節目運用化妝的魔力，一個黑人家庭變成了白人，一個白人家庭變成了黑人。鏡頭跟隨兩個家庭的成員去工作、學校、詩歌團體、鞋店、西部鄉村酒吧等。

每看完一集我們就進行討論。我也會準備一些講義，探討文化戰爭、侵占技術、大規模監禁以及大學放棄人文學科的文章。我的學生們被電視節目吸引，隨後的討論也非常熱烈。這整件事有種大膽妄為的感覺，就像我們都聚集在一個被禁止的集會中。你很難在監獄裡找到一個地方讓不同種族的人坐在一起，誠實地討論種族問題。

監獄外的很多人現在都在討論種族和政治，因為這是美國歷史上首次有黑人總統候選人。四年來，我一直知道巴拉克・歐巴馬（Barack Obama）一定會入主白宮，因為家母在電視上看到二〇〇四年民主黨全國代表大會於波士頓的演講後告訴我：「我剛剛看到了我們的下一任總統。」當時歐巴馬在為約翰・凱瑞（John Kerry）宣傳，但家母已看出歐巴馬是一名政治領袖。

選舉之夜，我們在排練《將軍！》。我在指揮排練，但每隔約十五分鐘我就必須跑到（排練室旁的）電視影音室看最新開票狀況。

在那個小房間裡的是皮特，我的白人藝術家職員，他看上去不到十二歲。他原先是少年犯，後來轉入成人監獄，是被我朋友兼同事愛蜜麗送到我這兒來的。他生長在一個保守家庭，住在一個富裕的社區。他旁邊的是傑克・戴維斯，大家都叫他「嘟哇」，因為他就像這種隨興發揮的音樂風格，可以用餐廳裡供應的任何東西做出糕點。嘟哇是個六十多歲黑人，他在種族關係這件事上已經見過太多事了。

我跑到電視影音室，看見歐巴馬剛被宣布為美國總統。皮特和傑克手牽著手，眼裡噙著淚水。看到眼前這一幕不太真實的景象，我的眼淚也湧上來，覺得等待著我們的未來充滿了希望。

夢／時間

在夢裡，我告訴某人我爸爸的墳墓所在。

在那裡，就在柳樹下。

我轉過身去看和我說話的人。是爸爸。

哪個爸爸才是我的爸爸？站在我旁邊的活人，

還是埋在柳樹下的死者？

當然，他們都是我的爸爸。我的意思是——

哪個時間是真實的？他還活著的時候？

抑或他過世之後?不，這不對。
它們都是真實的。但現在是什麼時候?
我是站在我健在的父親身邊，
夢見他過世之後的時光?還是看著爸爸的墳墓，
夢見他還活著的時候?我不能篤定。
我不知現在是什麼時間，
還是某種程度上來說，時間是可以共存的。
你知道，那是因為我在做夢。
你還在這裡幹什麼?
他問我。我想他是在問我為什麼還住在這個沙漠小鎮。
我不能走，我太愛我的家人了，
我說。他們就在不遠的地方，
幾英里，幾個小時，半天的路程。
你必須把你做的事帶到外面的世界去。

幾週後，我開車回家，

在墓地和我家之間停下等紅燈。

我沒有在想那個夢。

很可能，我是在調收音機。這是我後來推論的，

因為我的脖子沒有斷。因為我沒有預備承受衝擊。

我根本沒有看到它來。一輛時速六十英里的拖車

從後面歪歪斜斜地撞上我的車，把它撞過十字路口。

車子另一頭撞到了一棵約書亞樹與一根電線杆，

然後淡黃色的龐蒂克燃燒起來，一朵仙人掌花。這些我全不記得。

我的時鐘停止了。我失去衝撞的時間，撞我的司機把我拉出來的時間，

警察在沙漠裡搜尋我兒子屍體的時間，救護車抵達的時間。

我在醫院，幾個小時後，我回到了家。

當我能說出我的姓名，以及今天是星期幾之後，他們把我送回家，

在家裡我每個小時都被喚醒，問同樣的問題，
從**你是誰**開始？
到了早上，我意識到
爸爸說的**這裡**，他指的是地球。
你想知道警察有沒有找到我兒子的屍體。
但也許他沒和我一起在車裡。
也許我不記得他是否和我在一起。
也許我現在就站在他旁邊，問他還在這裡做什麼，
督促他把事情做完。

01 大衛・林區為知名導演。此指風格詭譎，具迷幻色彩與超現實主義的風格。

XX. Red Door

第 二 十 章

紅門

我知道是時候離開加州矯正與更生局、開始「詩的正義行動計劃」的原因之一是預算即將削減。加州有數十億美元的資金缺口，而藝術矯正很可能被淘汰。

我知道是時候離開的另一個原因則與柯迪有關。他是個音樂家，曾在《監獄：音樂劇》紀錄片中露臉，去年他從加州男子監獄假釋出獄。這部紀錄片在聖路易斯奧比斯保電影節上放映。影片播完後，製片和我陪著觀眾進行交流。看到柯迪現身我已經很意外，當他站起來發表評論時更令我驚訝：「我有在那部影片裡，我只想說謝謝你做的一切。」

在二〇〇八年，沒有多少人會主動說自己是剛假釋出獄的犯人。但這個人對自己的音樂成就非常自豪，竟然願意在滿屋電影愛好者中站起來，向仍在獄中的音樂家同事們表示感謝和團結。

雖然我知道是時候離開，但我心情複雜。首先，我們的經濟似乎處於自由落體狀態——這種狀態後來被稱為「經濟大衰退」——實在不是獨立出去開創非營利專案的好時機，再說，有前科的人並不是最值得同情的族群，不容易獲得人們捐款。但四週後我就要退休，早在幾個月前我就開始行動了。而且我對歐巴馬總統有信心。專家們一直猜測他可能會重啟羅斯福的 WPA 計劃[01]。甚至有人在網路上請願，要求他拿出經濟刺激計劃的1%來僱用藝術家。如果他決定在大蕭條時期恢復聯邦劇院專案，為編劇、導演和演員提供工作呢？如果他這麼做了，「詩的正義行動計劃」將是最完美的專案。我們不僅能幫助失業藝術家，也會幫助更生人！

在我退休後不到一個月，就寫了一封信給總統：

親愛的歐巴馬總統：

大選之夜我在工作，在監獄裡排練一齣戲。大部分演員都待在一間兼作劇場的大教室裡。但有兩個獄友——一個年輕白人和一個年長的黑人——坐在另外一間小工作室裡看著選舉結果。「他拿下佛羅里達的時候告訴我！」我對他們說。我第二次去看的時候，就在開門時，聽到你被宣布為美利堅合眾國第四十四任總統。教室裡響起震耳欲聾的歡呼聲，我輕快地跳了幾步舞。

我寫這封信是因為以利亞．萊特——為我工作了兩年的職員。萊特十幾歲時進了監獄，那是約八年前的事。在我僱用他之後三、四個月裡，他都沒怎麼和我說話，後來他承認是因為他從沒有這麼長時間與白人相處。但參與藝術能創造人民和文化之間的橋樑，我有幸看到萊特先生的轉變。他原本就是一個有天賦的音樂家，後來更投身戲劇，證明自己也能是個演員、導演與劇作家。他研究神學，並在監獄的教堂裡服事。他是個好人，一個正直且有領導能力的人。

萊特先生從不為自己找藉口。他被判持槍傷人罪，但他並沒有殺害或傷害任何人。然而他成長在一個只能被稱為美國城市戰區的地方。我希望當他明年獲釋時，重新進入社會不會遭遇困難。如你所知，加州七成刑滿釋放的犯人會在三年內重返監獄。

正是因為以利亞．萊特與如他這般的人，我在加州監獄帶領一個藝術專案，最近才剛退休。多年來，我見證了藝術的力量，幫助被監禁的人在他們的生活中做出深刻的改變。現在我認為更重要的是幫助人們在社區中找到自己的位置，遠離監獄系統的旋轉門，所以我創立了「詩的正義行動計劃」。

感謝你（和蜜雪兒）勇於在這個關鍵時刻承擔起領導這個國家的責任，以及你們已做出的時間上與隱私上的犧牲。我希望你對藝術的承諾將包括解決社會公正問題的專案，因為這能在同一時間內完成很多目標：僱用藝術家、給人們希望和尊嚴，以及振興美國文化。我將盡我所能地在此做出貢獻。

我沒有從總統或他的工作人員那裡得到回覆，但我在以利亞獲假釋後把這封信的影本給了他一份，他送給他的母親，讓她非常高興。

雖然我現在的上司丹頓先生不相信參與藝術活動能幫助獄友在出獄後活下來，但我知道那並不是真的。透過戲劇，獄友（其實任何人都是）可以提高他們的技能，包括口頭溝通、團隊合作、自律、接受建設性批評的能力、靈活性、自信心和奉獻精神。

在領導詩的正義行動計劃多年後我發現，我的專案做到的事比我想像的還多：它創造了一種歸屬感、連結感，首先是與假釋犯連結，繼而是與社區連結，以觀眾們為代表。你可以給一個人一份差事、一輛車、一個住所，但如果他覺得自己不屬於獄友們所謂的「自由世界」，則他註定了要回到監獄。

在離開我的工作崗位前，我必須整理藝術矯正的各種資料，送至加州大學洛杉磯分校

黛博拉．托波拉　敬上

的檔案庫存。這個檔案是由那兒的一位人種音樂學教授所發起，也就是拍攝了這部紀錄片在電影節上播放的人。也許很多人都能看到牆上寫著「藝術矯正的終結」。

這個專案始於三十多年前的一個監獄前導實驗專案，現已成為全球監獄美術教育的典範。現在，這些完成的作品會在加州大學洛杉磯分校有一個家，除了我們可能對學生產生的影響，它們是藝術家們唯一留下的遺產。

我把可追溯至一九八〇年代的工藝品、幻燈片還有前輩留下的藝術品都列成一張清單。在前輩留下的寶藏中有一捲錄音帶，是昆西・特魯佩（Quincy Troupe）和威廉・斯塔福德（William Stafford）朗誦詩歌的錄音。甚至還有一些一九五〇年代的黑白照片，那正是爸爸在此工作的時期。其中一張照片裡，一位藝術家正拿著畫架坐在戶外寫生，幾張照片則是獄友們在藍色大樓表演戲劇。大部分庫存來自我的任期：油畫、素描、道具（其中包括一個巨大的紙製蛋糕，上頭插著檔案夾）、戲劇節目，還有一些剪報。對我來說，最重要的是我們表演過的每一齣戲的錄影帶，我的遺產。

我很希望麗莎還是我的主管，但她已於五年前退休，這就是為什麼我得面對丹頓先生的原因。如果她還在這裡，她會保管我的庫存，直到檔案館的志工過來拿。但我不相信丹頓先生有心替我做這事。事實上，他一直在垂涎我退休後他可獲得的建物空間。藝術矯正占據了教育部門中最大的建築體，他想奪走這個空間，把它變成另一個職業課程的商店。

我的獄友職員幫助我完成這個程序。當所有東西都整理好，庫存也完成了，我就把它鎖進一個金屬櫃裡，把裡面的物品清單貼在櫃子外。收藏檔案的志工們正在各機構進行走訪，取走資料並將其送到加州大學洛杉磯分校，但他們還沒安排到加州男子監獄的取件工作。如果我能把這些東西都帶回家，親自把它們送到洛杉磯去，我一定會這麼做，但這是不被允許的。位於沙加緬度的 CDCR 總部授權監獄捐贈給檔案館，並制定了捐贈程序。

在盤點過程中我也很悲傷。我記得羅賓遜先生說過，當他走進這棟大樓時，他能感受到一種精神力量。漂流者樂團的嘟哇音樂滲透到藍色大樓中；廢棄的娃娃屋變成了夢幻監獄；我和我的「末路狂花」朋友——後來成為我主管的麗莎——一起在監獄裡四處走動。

我要告別日復一日的長廊步行了；告別苛刻的服裝要求，榮耀女性能量；告別助產詩歌和戲劇；告別在我辦公室哭泣的獄友；告別我們一年一度的「途中的詩歌」巡迴朗誦；告別那些來過、教學過、遊戲過的教學藝術家與客座藝術家；告別每年來巡視我們的大樓、寫一份好報告的大陪審團；告別所有教育部門畢業典禮上的音樂表演；告別貓、冠藍鴉、蜂鳥、蜻蜓偷偷摸摸、蹦蹦跳跳或直接闖入我們大樓的日子；告別與我的密友愛蜜麗的真情午餐；告別起立鼓掌；再見真正的劇院人在戲劇結束時的哭泣；告別我學生的「Eureka」時刻；告別我曾經熱情投入的生活。

在這期間，以利亞把一封信放在我桌上，然後一句話也沒說就離開了我的辦公室。部分內容如下：

就我個人而言，我理解你的決定，但我就是不同意。我相信詩的正義行動計劃將會給那些出獄的人帶來很大的好處，但還在這裡面的人呢？我甚至不知道我為什麼寫這封信，因為我覺得我在對著一堵牆說話。我認為你的決定非常、非常自私。在你為我們這些人做了這麼多之後，居然放棄我們、放棄你這麼成功的工作，只因為一筆該死的預算？你願意放下這個地方，難道不知道你離開後這個專案會發生什麼事？只因你一直渴望啟動一項給更生人的專案計劃？國家每天都在不斷地接收、接收、接收更多的課程，而你卻決定在不知道藝術矯正會發生什麼事的情況下直接走人，這是於事無補的。現在它都無法幫助我們了，那麼為什麼像詩的正義行動計劃這樣的專案以後就能幫助我們呢？我寫給你老闆阿諾

還有典獄長的那封信，我現在覺得也是寫給你的。

懷特先生擔心一旦我離開這個專案就會結束。我也有同樣的擔憂，因為雖然我已挑了一些接替人選，但沒人來面試，也沒人採取行動。似乎人人都知道藝術矯正即將步下歷史舞台，何必多此一舉呢？我知道萊特先生懷著悲痛的心情寫了這封信，我個人對悲傷也並不陌生。

我媽媽發瘋似地想離開那裡，離開那棟再也聽不到爸爸歌聲、笑聲或是咒罵聲的房子。她把他的浴袍疊好，放進她那一口雪松雕刻的箱子裡，她的希望箱。她的周遭有一堆箱子，一個要車庫拍賣的，一個是要捐給救世軍的，還有一箱是垃圾。她幾乎把所有東西都拋棄了，爸爸的浴袍除外。還有那台「啟示」吸塵器，很多年前在弗雷斯諾，爸爸開始從事建築管理工作前曾用來展示的機器。

她要搬至南方四百英里的沙漠去照顧外婆諾妮，外婆得了胃癌。這次，我的想像力毫無作用，我真的無法想像她現在怎麼還有勇氣去見諾妮，因為諾妮的死離我們也不遠了。邦妮、泰麗、布萊德和我都建議她到我們家來，但她不願意。

她像個幽魂一樣在房子裡飄來盪去，看得見卻接觸不了，她只專注於內心的某種幻象。有時她全神貫注於一項工作，刷洗、分類、包裝。她離我們很遠。

我和弟弟布萊德整理爸爸的衣櫃，他拿起爸爸的棕色雕花皮鞋，我倆都忍著眼淚。「把這捐給救世軍吧，」布萊德說：「也許哪個流浪漢穿上這雙鞋就能找到工作。」

至此，我們都哭了。布萊德和我是從爸爸身上遺傳到最好一面和最壞一面的孩子。我們現在在悲痛中團結在一起，就像那些陷入困境的孩子會團結在一起。我們互相擁抱，布萊德輕輕把鞋放在一邊，嘴裡嘟囔著：「可惡。」

在整理一口裝著照片和報紙的大箱子時，我發現了媽媽小時候的照片。有張照片裡她佇立著，一手扶住自行車椅墊，一手扶住把手。她穿了一件白色洋裝，看起來優雅而安詳。

另一張是她七、八歲時的特寫照。在照片中，媽媽深棕色頭髮編成了兩條辮子，一條在肩膀前，一條披在肩後。她微微笑著，顯然是在看著什麼，就像攝影師為了拍照指示她把目光固定在某處。她顯然很羞怯，你可以看出她很聽從長輩的話，但也能從她的凝視與嘴角看出堅毅的力量。

另一張照片中的她約莫四、五歲，坐在一棟白色大房子外的階梯上，旁邊有些植物。她穿著夏裝，除了短襪與皮製涼鞋，兩條腿全都露了出來，一條腿看起來像是正在搖晃中被攝影師拍下的。她端正地坐在最下層的階梯，臉上的微笑彷彿是她知道了一個祕密，但沒人能夠猜得到它。她看上去就是完整的自己。

在這些舊照片中，我發現了一張她與爸爸在阿拉斯加巴羅的照片，那是爸爸為工作而去過的地方。他們穿著大衣，在零下的溫度中微笑。即使那張照片中媽媽看起來也很年輕，但當時她已五十多歲。

「你們要不要把你們各自的東西分開放呢？」媽媽說。這些年來，她一直保存著成績單、我寫的詩、繪畫——包括泰麗畫的獅子，它在佛羅里達州報紙上的兒童藝術比賽中得了名。我把它們整理歸類，直到全部分類完。那個身為我媽媽的女人是個在屋裡忙來忙去、生活被搞得一團亂的女子。在她內心深處仍是那個坐在階梯上的沉著冷靜的小女孩，那個害羞的小學生，那個優雅的年輕女子。這麼多年來，她把她的生命奉獻給我們，照顧我們。現在爸爸死了，她要把我們送出去，把她自己帶回來。

「那個加州的地勢地圖到哪兒去了？」我問媽媽。

「哦，我不知道。我一定是在某次搬家時把它處理掉了。」她說。

「我記得爸爸把那個拼圖剪了出來，我知道他不會讓我做這事的。但後來他開始用紙漿做山，然後撒上去，塗上顏色，再做了些小標籤。我就只是坐在一旁看著他做，他不讓我碰它。然後我把它帶去學校，得了個A。真尷尬！」

「第二年，換邦妮拿去學校，也是拿了A。」媽媽說。

我們笑了起來，然後她哭了。

這就是我身在此處的原因之一，為了說出事情、問出問題，然後記住，儘管這讓媽媽又哭又笑的。這也是媽媽愛爸爸的原因之一，雖然經歷了這麼多麻煩，這麼多年來他還是能夠讓她笑也讓她哭。和爸爸一起，她從房前的台階走到了北極圈，走到了世界之巔。

在我離開監獄前，我必須跟一個很重要的人告別。我安排了一次去東側設施的行程，把美術用品送到愛蜜麗的教室（她現在每週上三天的課）。她發了一張通行證給薩爾，這位「為藝術而藝術」的畫家持續贏得監獄裡的藝術比賽，把他的作品捐贈給當地的非營利組織，顛覆外界對終身監禁者的刻板印象。

當我走進教室，他人就在那兒，滿臉笑容。幾個月前是我上一回見他，他給我看他的畫，從監獄看出去的視角，一個人飛過主教峰，手裡拿著一根羽毛。他告訴我：「那是我，我正在出去的路上。我的朋友們跟我說不要抱太大希望，他們不會讓終身監禁的人假釋。但我知道我要離開了。」我也知道。

現在他有個日期了。在我離職的前兩週他就要假釋出獄。事實證明薩爾在二〇〇八年成為第一批得到假釋的終身監禁者。因為此前加州最高法院決定除了考慮最初罪行的嚴重性，也應該要考慮獄友未來犯罪的傾向。也許釋放無期徒刑犯人的決定也跟監獄人滿為患有關。加州許多監獄的容量超過200%，獄友們睡在體育館、休息室和走廊，有時還要用到三層床。

「薩爾，」我說：「我就在你後面。我創立了一個非營利組織，我們要讓曾經入獄的人來演戲，一起做戲劇，不需戲劇經驗。資料都已放上網了，如果你可以來參加我會非常開心。」我寫下「詩的正義行動計劃」幾個字。

他給了我一張明信片，那是外頭的朋友用他的畫做的，就是他手裡拿著一根羽毛飛越監獄的那幅畫。我給了他一首詩作紀念。

紅門

紅色。我對監獄裡的油漆工說，他們可能預期又是要漆成米色。

紅色？他們問。紅色，我說。

我們有紅色安全漆，他們說。太棒了！
於是他們拿著油漆回來，滾上了第一層。明天，紅色會更深：
愛心紅，馬戲團紅，警示紅，做某些紅色的事，
紅就像某些玫瑰，大遊行中的長號音樂。
一個感嘆號映襯著監獄冷冷的藍色，大門邀你進來。
門上寫著你可以在另一邊得到一些東西。
門上寫著緊急情況是在惡劣環境下的美。
畫家們微笑著離開了。
門的另一邊有些東西。
門的另一邊有些東西。

01 即一九三五年至一九四三年間的公共事業振興署（Works Progress Administration, WPA），經濟大蕭條時代羅斯福為實施新政所建立的機構，實行以工代賑，是新政的重要一環。

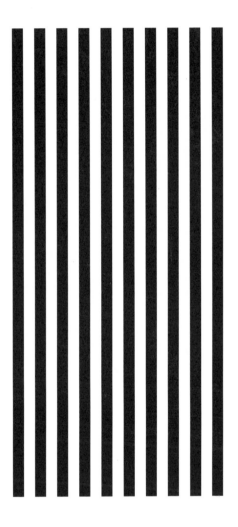

Epilogue

結語

我很高興我聽從了自己的直覺，在聖誕週排定演出《藍色列車》，傳統上這是劇院的死寂週，除非你演的是聖誕劇。這是繁忙劇院全年唯一的空檔，所以我就訂下去了。我知道這是一場豪賭。當大家可以在別的地方欣賞《聖誕故事》或《聖誕老人日記》時，有多少人會去看一齣以監獄為背景的戲，裡頭的演員還都是更生人？但現在，我站在聖路易斯奧比斯保小劇場擠滿了人的大廳，在中場休息時掐著自己，這是我們第三場門票售罄的演出。

《藍色列車》是二〇〇三年時我們在監獄裡演出的第一部真正的戲劇。是饒舌歌手錢斯和老派 R&B 關在同一牢房的戲，大約在戲進行到一半時，他們發現他們是父子。錢斯與海洛因上癮者黃鼠狼混在一起，他被殺了，而 R&B 在魔幻現實的時刻取代了他，獻出了自己的生命，讓他的兒子可以活下去。

演員陣容包括博．巴特勒，他是一位心胸寬廣、聲音高亢的演員，六年前曾在監獄中演出主角 R&B；還有薩爾，他假釋出獄後確實在網路上搜尋了「詩的正義行動計劃」，現在正在扮演印第安薩滿夜貓子。得到假釋官的許可後，薩爾從他父母在聖貝納迪諾縣的家通勤過來，參加我們每週兩次的排練。

推動詩的正義行動計劃的第一年對我來說是一種教育。從很多方面來說，在監獄裡表演戲劇比較容易，因為獄友演員們不會週末外出（除非他們被關到洞裡），他們不必擔心交通問題，不必擔心無家可歸或家庭生活的現實需求。

找到十四位更生人有興趣參加《藍色列車》的試鏡已是一大挑戰了。等到角色指派完成，演員陣容又無法維持一致。有些人不見了。有人認為自己達不到排練的要求，有人跟其他演員發生了問題，然後離開，故態復萌，或是找到了工作。我最大的學習曲線是發現幾乎所有劇組成員（或潛在劇組成員）都有參加戒癮康復專案。那些沒參加的人也都應該去參加。

然後是恐懼因素。幾個演員有過演出經驗，但多數甚至連站上舞台都沒想過。我告訴他們不要擔心，我知道一旦他們開始在觀眾面前表演，一切就會很好。其中一個演員拉姆指出：吸毒者一輩子都在演戲，哪有什麼大不了的？我聞言笑了。他的話比我的話更能夠教演員們安心。

當我回到有九十九個座位的劇院，我注意到中場休息時沒有觀眾離開。演出結束後，我們在台上與觀眾交流。儘管劇中有些粗糙之處，觀眾還是很喜歡。有些人在講述家人在監獄裡的故事時哭了，觀眾一再感謝我們讓他們看見監獄生活。他們住在一個監獄城裡，聖路易斯奧比斯保小劇場距離監獄只有四英里，然而住在這裡的多數人並不了解監獄的小眾文化。

《藍色列車》讓觀眾得以一窺種族政治，毒癮是怎麼引起麻煩的（而且不僅是對上癮者），以及年長獄友如何折磨年輕獄友等等現實。在表演和對話交流的過程中，空氣中有一股電流。我欣喜若狂，不光是因為觀眾反應非常好，或是因為我的演員們在舞台上的表現，以及在對談中感動了觀眾，而是因為這代表了真正的回歸。由於他們的才能、勇氣與面對犯罪歷史的誠實，我們的演員已經被他們的社區所接納。

不僅如此，我們的多數幕後工作人員都曾在監獄系統中工作。我的諮詢委員會裡有艾比，一名從青少年看守所退休的護士；麗莎，我以前的主管，負責教育部門；山姆，演員、導演，曾任監獄首席醫務官；還有史蒂芬，我在監獄工作時，他是我最喜歡的第三班中尉。

史蒂芬之前常問我：「你為什麼不在外面做這件事呢？」我想他的意思並不一定是在外面與更生人一起做這件事，但當我告訴他我打算用詩的正義行動計劃做什麼時，他同意擔任委員會成員。

今晚他們都在這裡，享受著《藍色列車》的成功，而且更令我們覺得有意義的是：我們是美國第一批做這件事的人。到我們的第十年時，詩的正義行動計劃已成為眾多為更生人開設的戲劇專案之一，這些人被重新命名為「回歸的公民」。在這十年裡，我的學習曲線依然在加速上升。如果那天晚上，我知道隨後會發生什麼事，我可能在那場勝利後就退出了。但話又說回來，我從來都不是一個會輕易放棄的人。

Acknowledgments

謝詞

我有幸生長在一個無論順境、逆境都恆常充滿著愛的家庭。最感謝的是我的母親，她始終不渝地相信著我，也謝謝我的弟弟、妹妹的幽默與溫暖支持。我的兒子約瑟夫和狄倫，他們憑藉著各自的努力都成了藝術家，他們始終鼓勵著我，即使我創作的任何東西都比不上創造出他們兩人。多年前，在一個夢裡，父親敦促我把我的工作推向世界。從當時到現在經過了幾十年，我的伴侶吉恩始終為我加油打氣。我做到了，吉恩。

在這些故事發生的當下，我的朋友辛西雅和伊莉莎白即時與我分享著多數事件。我們仍然尊崇自身的使命：透過教育改善被監禁者的人生。辛西雅和伊莉莎白讀了我寫的每個章節，提供評論、意見與修正，為此我永遠感激她們，更感謝我們的友誼。謝謝我的堂哥迪伊，他是我們家第一個讀完這本書的人。也要感謝我的朋友希拉和海倫閱讀了本書的完稿，謝謝她們多年來對我的愛與支持。

在監獄裡創作並教授藝術讓我認識了一群很棒的人，他們分散在世界各地。在此特別感謝勞麗、傑克、克蕾兒、莉婭、科特、湯姆、吉姆和史蒂夫，以及無數曾在監獄裡工作的藝術家們。

布魯克・華納（Brooke Warner）這位書籍助產專家——加上她在「她的寫作出版社」（She

Writes Press）的傑出團隊——協助這本作品誕生。藝術家吉列兒莫・威利（Guillermo Willie）創作出完美的封面畫作。凱特琳・漢米爾頓出版行銷公司（Caitlin Hamilton Marketing and Publicity）的凱特琳和瑞克給了此書一雙美麗的翅膀，使它飛向世界。

本書中的一些文章（或稍作更改的內容）曾發表在 *Alaska Quarterly Review*、*Art Rag Breaking the Plate* (Pudding House Publications)、*DMQ Review*、*Iron City Magazine*、*Kalliope, A Journal of Women's Literature and Art*、*Rattle SLO Coast Journal*、*The Boundaries of Twilight*、*Czecho-Slovak Writing from the New World* (New Rivers Press); *The Wisconsin Review*、以及 *Verse Daily*。非常感謝這些編輯和出版社將我的作品分享給他們的讀者。

我更改了其中一些人的名字、情境和身分細節，以保護無辜的人（與有罪的人）。我從記憶中重新創造了事件和對話，努力描繪出我經歷的真相。我發現，不是所有人都以同樣的方式記得事情。

讀完這本書後，亞歷杭德羅把那首詩寄給我，那是十七年前他在洞裡接受自殺監視時，我認為從他心裡長出來的詩。他發電子郵件給我：「我沒有寫，而是在腦中創造了它，並且一直重複想著它，直到我永遠不會忘記它，因為我想這樣在你來找我時，我就有一首詩了。」

一直在世界各地跑
追逐著藍天
永不放棄希望
在暴風雨中倖存下來，床被惡夢流出汗水浸濕
接受來自天堂的地獄
有時，我感覺
唯一的避難所似是在死亡之翼底下
我從那片烏雲中偷睨了一眼
毀滅在
我掌心的
那片藍天

讓我懷疑

我真的能夠找到平靜嗎？

我很感激亞歷杭德羅，還有在監獄裡和我共事過的人，在我們的努力中展現出真心、勇氣與正直的人。你知道我指的是誰。

自由的蜂鳥

加州男子監獄的真實故事，藝術讓人再次飛翔

HUMMINGBIRD IN UNDERWORLD:TEACHING IN A MEN'S PRISON, A MEMOIR

作者	黛博拉・托波拉（Deborah Tobola）
翻譯	吳宜蓁
特約編輯	蔡琳森
美術設計	郭家振
發行人	何飛鵬
事業群總經理	李淑霞
副社長	林佳育
主編	葉承享
出版	城邦文化事業股份有限公司 麥浩斯出版
E-mail	cs@myhomelife.com.tw
地址	104 台北市中山區民生東路二段 141 號 6 樓
電話	02-2500-7578
發行	英屬蓋曼群島商家庭傳媒股份有限公司城邦分公司
地址	104 台北市中山區民生東路二段 141 號 6 樓
讀者服務專線	0800-020-299（09:30 ～ 12:00; 13:30 ～ 17:00）
讀者服務傳真	02-2517-0999
讀者服務信箱	Email: csc@cite.com.tw
劃撥帳號	1983-3516
劃撥戶名	英屬蓋曼群島商家庭傳媒股份有限公司城邦分公司
香港發行	城邦（香港）出版集團有限公司
地址	香港灣仔駱克道 193 號東超商業中心 1 樓
電話	852-2508-6231
傳真	852-2578-9337
馬新發行	城邦（馬新）出版集團 Cite（M）Sdn. Bhd.
地址	41, Jalan Radin Anum, Bandar Baru Sri Petaling, 57000 Kuala Lumpur, Malaysia.
電話	603-90578822
傳真	603-90576622
總經銷	聯合發行股份有限公司
電話	02-29178022
傳真	02-29156275
定價	新台幣 399 元／港幣 133 元
ＩＳＢＮ	978-986-408-641-2

2020 年 11 月初版一刷・Printed In Taiwan

國家圖書館出版品預行編目（CIP）資料

自由的蜂鳥：加州男子監獄的真實故事，藝術讓人再次飛翔 / 黛博拉．托波拉 (Deborah Tobola) 著；吳宜蓁翻譯．-- 初版．-- 台北市：麥浩斯出版：家庭傳媒城邦分公司發行，2020.11
　面；　公分
譯自：Hummingbird in underworld : teaching in a men's prison, a memoir

ISBN 978-986-408-641-2(平裝)

1. 黛博拉 (Tobola, Deborah.) 2. 更生保護 3. 犯罪矯正 4. 藝術治療

548.78　　109015281

HUMMINGBIRD IN UNDERWORLD: TEACHING IN A MEN'S PRISON, A MEMOIR by DEBORAH TOBOLA